U0961783

数字新闻十二讲

12 LECTURES ON DIGITAL NEWS

胡 钰
吴璟薇 编

南方日报出版社
NANFANG DAILY PRESS
中国·广州

图书在版编目（CIP）数据

数字新闻十二讲 / 胡钰，吴璟薇编. -- 广州 : 南方日报出版社，2022.7
ISBN 978-7-5491-2548-7

Ⅰ. ①数… Ⅱ. ①胡… ②吴… Ⅲ. ①数字技术－应用－新闻学－研究－中国 Ⅳ. ①G210-39

中国版本图书馆 CIP 数据核字(2022)第 082782 号

SHUZI XINWEN SHIER JIANG
数字新闻十二讲

编　　者：胡　钰　吴璟薇
出版发行：南方日报出版社
地　　址：广州市广州大道中 289 号
出 版 人：周山丹
责任编辑：李　哲
装帧设计：肖晓文
责任校对：裴晓倩　肖　颖
责任技编：王　兰
经　　销：全国新华书店
印　　刷：广东信源文化科技有限公司
开　　本：787mm×1092mm　1/16
印　　张：8.25
字　　数：120 千字
版　　次：2022 年 7 月第 1 版
印　　次：2022 年 7 月第 1 次印刷
定　　价：48.00 元

投稿热线：（020）87360640　读者热线：（020）87363865

发现印装质量问题，影响阅读，请与承印厂联系调换。

序

Preface

当数字化时代到来的时候，人们所面临的已经不仅仅是媒介技术的变迁了，一场深度改变人类交流和信息传播方式的变革已经涉入生活的方方面面。

大数据与人工智能等技术深度嵌入新闻生产和传播，而基于平台的新闻生产在大范围内连接着多元内容生产者的同时，也实现了“人机联姻”，通过平台的数字结构将内容转化为数据，再经过算法与人工的整合，借由数据接口与内容消费者对接。尽管新媒介技术已经完全嵌入新闻生产中，但技术并不是唯一的决定因素。从整个新闻生产和传播的流程来看，大数据和智能技术只能部分参与其中，负责诸如新闻内容抓取、新闻价值判别（主要基于内容来源和相关程度）和部分事实核查等任务，然而新闻标题制作，内容摘要，影响力、反常性与冲突等新闻价值要素的甄别，以及机器无法准确完成的事实核查，都只能交由人工研判。近年来，智能生产中的“隐性工作”不断浮出水面。为了保证智能识别系统的有效运行，大量工人隐藏在系统背后，进行着低难度和高重复度的“打标签”工作，将数据“喂给”系统，才能让智能新闻识别系统准确读取文字和图像，进而进行深度学习和数据处理。这一过程中，人与技术共同发挥着作用。在智能系统设计、前期数据处理和内容生产流程中，人都起着辅助乃至决定性的作用。

当下的新闻行业，已经无法回到数字化以前的时代了。从“中央厨房”到地方融媒体建设都经历着数字化进程，即使部分媒体仍然保留着传统的以记者和编辑为主的线下新闻生产模式，但新闻内容同样也需要借助社交媒体等数字化平台进行推送。那么，数字化时代新闻的定义、新闻的价值，以及新闻生产者和把关人的地位发生变化了吗？

中文的“新闻”二字对应着英文的“News”与“Journalism”两个词。从定义上看，英文韦氏词典中News（新闻）有三个含义：1. 对新近发生事件的报道，先前未知的信息，特殊影响力的事件；2. 在报纸、新闻期刊或者新闻节目中被报道的材料；值得报道的事情；3. 新闻广播。Journalism（新闻业、新闻学）具体指：1. 通过媒体所呈现的新闻采集和编辑；2. 大众报刊；3. 对收集和编辑新闻或者新闻媒介管理的学术研究。根据上述定义可知，Journalism的出现比News更晚。从历史上看，新闻业是伴随第二次工业革命的进程而产生的。彼时，技术的革新推动了生产力的进步，为了适应机器时代的生产，流水作业等劳动形式被发明出来，大量劳动也实现了分工。专职从事新闻内容收集和加工的编辑和记者也从过去商人和小手工业者等兼职者中分化出来。想来，个中历史不过两百多年而已。然而，工业4.0时代的技术条件已然打破过去的职业分工，新闻生产者的角色也变得更加多元，互联网与社交媒体等新技术平台推动着更多的非职业化内容生产者加入，使得他们成为丰富内容的重要来源。

新闻业变了，从事该行业的人变了。那么，新闻变了吗？新闻的概念曾一度被等同为“资讯”，因为当下在媒体中看到的不仅仅是那些新近发生的未知事件，还包含生活资讯、小说故事、科学文化知识等非时效性内容。这些内容并非当下媒介技术的首创，而是一直伴随着新闻的产生和发展的。只不过在今天，媒介技术变迁带来了非时效性内容的增加。回顾新闻发展的历史，近代新闻业的形成与电报的发明脱不开关系。通过海底电缆和陆上电报系统，世界各地被连接起来。此时信息传播已经以数量级的速度远超邮驿，电报用时间消灭了空间，全球各地实现了共时，期货市场的概念由此产生，以财经新闻为代表的新闻生产加剧了媒体对时效性的疯狂追逐与通信资源的竞争。伴随电报所带来的快速传播，人们对新近发生的事情更为渴求，无论是关于战争、商业、天气还是奇闻轶事，人们都希望能够获得最新消息，从而为决策和生活提供参考。自此以后，过去邮驿时代无法实现的时效性成为新闻媒体的重要竞争力，大事发生时谁能抢先发布0.1秒，即能成为行业翘楚。电报、电话，以及SNG（卫星新闻采集）直播等形式代表着从报纸到广播，再到电视时代新闻媒体对时效性的追逐。然而，自从互联网在全世界普及以及低成本运作，并借助手机等方式实现了从人到人的实时传播之后，新闻的时效性已经失去了魅力。基于电缆的电报是互联网的前身，过去还是一种竞争性资源，而如今光纤网络和GPRS（通用分组无线服务）信号传输系统已经遍布各地，全球已经实现了传播的共时。在时效性消失的同时必然伴随着趣味性、相关性等新闻价值因素的增加，因而从媒介技术发展的角度，亦能解释为何当下娱乐和生活服务信息不断增加。新闻的概念也泛化为一种广泛意义上的知识。当然，无论是专业媒体还是自媒体，独家渠道与独家资源仍然是核心竞争力。

伴随着新媒介技术的发展，新闻价值要素也一并发生着变化。除了时效性的消减，我们还能看到信息基础设施与平台可供性所带来的改变。基于互联网平台的社交网络改变着大众时代一对多的信息传播格局，新闻的可分享性成为数字时代重要的价值要素。当我们每天都依赖微信朋友圈来获取主要新闻和生活资讯的时候，已经无法想象假如新闻没有了“分享”“点赞”等功能会如何。社交性成为当下新闻的重要特征。此外，在新闻数字化进程中，当内容信息被纳入平台之后，主要依托计算机的语义关系网来实现相关。无论是人工智能对新闻信息的自动识别还是内容推送，都是基于语义关系这一基础标准来实现的。新闻价值在新技术条件下转化为一种社会关系，一种人机关系。

媒介技术带来的变革是深刻而广泛的，数字化新媒体语境下的新闻生产和传播模式也发生了根本转变。今天定义新闻和新闻业，不再以专职化、专业化来作为唯一判断标准，但新闻事实的准确性却是人们亘古不变的追求——真实永远是新闻的生命；新闻价值中的未知、好奇、相关（包括对人在心理、地理上的相关，新加入了语义相关）也仍然是人们了解外界、消除不确定性和满足好奇心的基本心理需要。媒介形态在变，但新闻的核心内涵不变。新闻业的数字化将人与技术、信息与机器共同聚合到平台上，从而开启了工业4.0时代新闻新生产。在数字化语境下，新闻业是否存在、新闻是否消亡等问题已经变得不再重要，作为从事或者研究媒体的人，所要面对的是如何抓住不变的内涵来拓展新闻的外延。

面对当前媒介技术的发展与挑战，我们邀请了数字新闻研究领域的学者和在业界不断探索创新的专家，一同探讨数字媒介技术背景下的新闻理论与实践探索，旨在推动最新媒介理论与中国智能媒体的新闻实践相结合，以进一步深化发展具有中国特色的新闻理论与实践。全书从理论和实践两个层面探讨数字媒介技术对中国特色新闻学研究带来的影响。理论方面的探讨在立足中国问题的基础上，着重关注当下国内外学界在数字新闻研究方面有较大影响力的新视角、新成果。尤其结合当下国际学术前沿与中国新闻学研究新视角，引介新闻与媒介物质性、数据与算法诠释学、媒介平台化研究方面的最新进展。在实践上，目前处于新闻实践与技术创新前沿的业界资深新闻人通过案例分享，与理论形成对话，为中国特色新闻学理论的建构提供重要的实践经验。本书的初稿源于2021年年底在清华大学举行的“数字媒介技术视域下的中国特色新闻理论”会议，会议论文及发言稿经过整理修订最终成书，由衷感谢多位学界与业界的专家学者在此过程中的大力支持。

数字时代，媒介风云莫辨。而只有掌握核心内涵的人，才能在技术浪潮中做好新闻界的守望者和瞭望者。

胡　钰　吴璟薇

2022年2月于清华大学新闻与传播学院

目 录
Contents

上篇

数字新闻理论探索

第一讲　取代与赋能：人工智能给新闻业带来了什么？

胡　钰（清华大学新闻与传播学院教授、博士生导师）

进入人工智能时代，电脑可否基本实现人脑的功能？人工智能可否完全超越人类智能？机器人的工作岗位可否全面取代人类的工作岗位？这些问题始终在科技领域、社会领域存在两种声音。对于新闻业来说，当越来越多的机器人记者写作新闻稿件时，当越来越多的机器人编辑推送新闻链接时，一个受到关注的问题是：随着技术进步，未来人工智能新闻业可否取代人类新闻业？或者更准确地说，在多大程度上可以取代人类新闻业？

新闻活动是人类收集信息、加工信息、发布信息以监测环境、塑造环境的专门行为。人工智能新闻业的出现得益于深度学习、神经网络、算法开发、自动化技术等的发展，新技术特别是数据技术介入新闻活动的比重越来越大。对新闻业来说，数据技术的发展与应用突出体现在：一是数据采集技术，在数字化和网络化条件下，通过大规模分布的传感器，人类的数字痕迹普遍存在并可方便获得，成为新闻内容的重要来源；二是数据挖掘技术，面对海量数据、音视频数据、复杂数据，通过各种算法开发，自动标记媒体内容，对数据的快速分析和深度分析成为可能，成为新闻事实的形成工具；三是数据呈现技术，通过可视化呈现技术、写作算法技术以及基于虚拟现实、增强现实的沉浸体验技术，人工智能可以自动将数据转换为可读性、可视性的新闻叙事，成为新闻报道的生产方式。

知识、数据、算法与算力共同成为人工智能发展的基础要素，推动人类社会迅速进入人工智能时代，对包括新闻活动在内的人类活动产生的影响越来越大。进入人工智能时代，从新闻传播行为看，传播主体从专业化到大众化再到机器化，传播动机从事实呈现到社交体现再到价值实现。

从计算机辅助新闻到数字新闻再到机器人新闻，新技术在新闻业中的驱动性越来越强。自20世纪50年代起，随着计算机技术的发展，新闻从业者开始使用计算机来获取内容和分析报道背景。随着数据挖掘技术的进步，记者从大量数据中挖掘隐藏的报道线索，进行趋势分析。有记者分析了《纽约时报》150年内的报道和相关数据，发现在贫困地区如果某年气候干旱而次年洪水泛滥，该地区就有较高概率暴发瘟疫，以此其写成的文章就具有相当的预测性。

机器人新闻则是更加自动化的新闻活动，在没有人类记者参与的条件下自动进行信息检索、分析并生成新闻报道。“机器人新闻（Robot Journalism）”起初从新闻聚合类平台依托算法的新闻编辑活动兴起，2002年谷歌公司为其产品“谷歌新闻服务（Google News Service）”开发了机器人编辑器，这种算法可在数千个新闻网站上获取数据进行分析，自动筛选出网站的头条新闻和主页上显示的相关新闻链接。之后，2010年有美国研究团队开始进行机器新闻写作的商业化项目，通过数据分析和故事转换，可以把输入的体育赛事统计数据自动转化为可读性的新闻故事。随着研究的进展，研究者逐步致力于创建更深入、更细致的分析工具，采用更具表现力、更细腻的修辞乃至隐喻等手法来提高报道质量。

更有趣的是，2007年东京大学的研究团队创造了3D机器人记者，能够像人类记者一样在人群中活动，其算法可以实现自主探索、记录新闻、生成文章的功能。该机器人可以在现实世界中获取信息，将信息传给“新闻分类器”，根据信息的稀缺性和相关性来计算“新闻分值”，如果分值足够高就会由“文章生成器”自动生成报道。这种远程呈现机器人的出现让机器人新闻活动更加生动，更加具有取代人类新闻活动的能力。

机器人新闻活动早期应用在体育新闻领域，后进入金融新闻领域，并且迅速在各个领域的新闻报道中得到应用。美联社每个季度都会发布上千篇由机器人写的新闻稿件，《纽约时报》面对新闻业转型的态度明确而简单：“雇佣更多的工程师。”

机器人记者的出现为特殊领域的新闻报道提供了极大的支撑，最突出的报道类型就是战争新闻报道、恐怖事件新闻报道、极端环境新闻报道等。这种远程呈现机器人可以通过笔记本电脑或手机进行操作，采用四轮驱动，配置太阳能和GPS（全球定位系统）导航，也可以进行现场采访。与此同时，无人机新闻也逐渐登上舞台，无人机记者专业协会（Professional Society of Drone Journalists）也在2011年成立。

与人类记者、编辑相比，人工智能新闻技术的自动化、高效率、数据处理水平高、长时间工作能力与工作条件无限制等特点，使得其具有无可比拟的优势。事实上，机器人代理、机器人编辑、机器人文章合成器等正在逐渐取代传统人类记者、编辑的角色。由此看来，无怪乎当下的新闻机构越来越多地招聘数据工程师、新媒体运营者，无怪乎传统的文科主导型新闻教育培养的人才显得单薄而缺乏竞争力，无怪乎悲观主义者认为传统新闻人会被机器新闻人取代。

在大规模使用人工智能新闻技术的同时，机器人新闻活动的问题性、局限性逐渐显露，使得其无法满足人类对新闻活动的完整需求。特别是算法的偏见与不透明，社交机器人干扰政治议题影响决策与选举等现象，愈发受到诟病。人们愈发意识到，必须由专业新闻人担任监护人，才能让机器人新闻活动更好地发挥作用。

机器人新闻活动的不足集中体现在四个方面。一是共情力不足。有感染力的新闻作品要能够反映人类的生动情感，而机器人显然缺乏体验复杂人类情感的能力。二是调查力不足。好的深度报道、调查性报道需要报道者深入复杂的社会现实，揭示、复原其背后的故事，而机器人显然缺乏自主融入社会与不同对象沟通挖掘信息的能力。三是创造力不足。人工智能在处理有序复杂的理性问题上的能力超群，但在处理直觉、联想等非理性问题上的能力有限，后者是决定创造力的主要因素，换言之，机器人智商甚高，但无法超出设计者规定的阈值，因而也无法期待机器人记者会写出从未见过的创意报道。四是思想力不足。新闻活动不仅是对社会现实的记录，还要承担对社会舆论的引导和社会现实的建构，后者主要通过报道角度选择、新闻评论等思想性内容来体现，但是机器人显然无法实现这种由价值观与知识、经验紧密互动来驱动的新闻写作。

机器人新闻活动的不足正是未来人类新闻活动的机遇与方向。面对人工智能新闻业的崛起，与之展开合作而不是竞争，才是人类新闻业的正确选择。事实上，密切把握人工智能新闻技术的进展，最大限度地使用机器人记者、编辑完成重复性、机械性、危险性及各种可能的前期工作，可以最大限度地解放人类记者、编辑，可以推动人类新闻业在新技术条件下获得前所未有的赋能与发展。

为了与机器人记者竞争，人类记者必须学会“与众不同地思考与表达”。这个“众”，既包括人类同行，也包括机器人同行。这个“与众不同”，既是一种倒逼，也是一种赋能。

要写出更具思想性来引领发展的新闻报道。高明的机器人可以重复高级的棋法，但无法理解高级的哲学。这是由人工智能算法对人类自然语言理解能力的限制和人类现实生活的多变性、情感性而非机械性决定的。在对复杂问题非线性发展的把握与人类发展突发性挑战的预测上，人工智能无法与人类智能相比，因而人类记者的优势在于锤炼自己的思考，针对现实的对象与问题，写出具有引领力量的报道。

要写出更具人情味来温暖社会的新闻报道。人工智能研究者认为尽可能用机器人取代人类进行决策的好处在于，算法可以避免“噪声”，可以高度理性，可以非常精确，但这恰恰忽视了人性的独特所在，事实上，有了“噪声”才会有惊喜幽默，有了感性才会有感同身受。更好地顺应人性、展现人性、共鸣人性，正是人类记者超越机器人记者的不二法门。

要写出更具创意性来吸引大众的新闻报道。在信息过载的当代社会，公众特别是“Z 世代”的公众对新闻报道形式的要求越来越高，要求更少的文本、更多的视觉、更强的趣味、更好的互动。针对这些新需求，人类记者可以集成包括虚拟现实、增强现实在内的新沉浸式技术，建设新互动平台，创造出狭义的人工智能无法创造出的新型新闻叙事，实现新技术与新应用的紧密融合。

以色列学者诺姆·拉塔尔认为：“新闻是艺术和科学的结合。新闻工作的艺术性表现在发现创作新思路，寻找报道新视角，探索问题新方案，开辟娱乐新途径。新闻工作的科学性体现在使用各种分析工具，根据记录和储存人类活动的数据来支持并加工信息。”事实上，在新闻工作中，科学性的工作可以由机器人新闻活动完成，而艺术性的工作就必须依靠人类新闻活动。

在这个科技驱动发展的时代，人类要明确科技应用的边界与规则。技术的先进性越强，人类对技术的依赖性就会越强。但是，缺乏人文精神，只问“有无科学依据”，不问“有无人文关怀”，人在科技的创造中就会被异化、边缘化、原子化。没有人文感的人工智能只是机器智能不是人类智能，甚至只能降低人类整体的智能水平。

无论何时，不论对新闻业，还是对所有行业，人文管方向，科技管方法，都是必须的。

［本文为《人工智能时代，新闻人会被取代吗？》（诺姆·拉塔尔主编，胡钰、王一凡译，清华大学出版社2020年出版）的译者序，原载于《中国社会科学报》2020年8月6日A03版］

第二讲　新闻学研究的物质性转向
——数字时代的媒介本体与媒介中介性

吴璟薇（清华大学新闻与传播学院副教授）
曾国华（中国社会科学院新闻与传播研究所助理研究员）

在当下智能媒体平台高速发展的背景下，新闻的生产和传播模式都发生了根本变化。传统大众媒体时代的新闻学研究重点讨论的是内容生产过程中的人（如记者、编辑、采访对象、受众等），而数字媒体时代，媒介技术在新闻生产和传播中占有越来越重要的地位，从而也将新闻学研究的重点渐渐从人转向媒介技术，重新审视长期忽略技术因素对新闻带来影响。这种转向至少在两个方面带来了变化。一方面，以技术可供性、行动者网络理论和科学技术研究（science and technology studies，STS）的视角来重塑新闻理论和反思技术对新闻客观性的影响等一系列研究的展开[1-3]，也标志着中国新闻学研究者开始重点关注技术因素对新闻媒体的影响。特别是近五年来，与“传播的物质性转向”相关的研究被引介到中国新闻传播学界后[4-8]，由于物质性的研究视角又能够跳脱传统新闻学研究中对人和内容的限制，将媒介技术和媒介物质载体的影响清晰呈现出来，“传播的物质性”视角开始与中国新闻实践相融合并开始产生有一定创见的成果[9]。这种状况正在深化新闻传播学研究对数字和智能技术背景下新闻生产和传播体系的重构的理解。

另一方面，对数字时代新闻的平台化与智能化的研究，也在很大程度上激起学界和业界对于智能技术对于人的主体性的侵蚀与替代的忧虑与担心。对此，吴璟薇和郝洁从媒介本体论和媒介网络的理论视角，在一定程度上揭示了智能新闻平台基础上的新闻生产过程中的人、技术、物之间所形成的相互依赖的关系主体性[10]。但是该文主要涉及广义的新闻生产环节，对于新闻数据的分发与流通、用户的信息消费环节关注不多。本文将从数字时代新闻平台的基础特征——数据形式的新闻信息平台出发，以作为物的数据为分析的落脚点来进一步分析智能新闻平台在用户使用与消费层面的关系主体性问题。与此同时，本文将进一步回应智能技术侵蚀人的主体性的问题，试着从媒介中介性这一物质性研究的核心理论出发，建构一种符合数字时代新闻传播特征的中介社会传播模型。

一 新闻数据作为物的存在

最近一二十年中，在新的数字媒介技术推动下，全球新闻产业都在经历高速平台化和数据化的过程。在这个过程中，传统媒介转换为数字化媒介，并且通过复杂的“技术—物质—社会”机制汇聚成为高度网络化、数据化的新闻平台。根据尤隋·范·戴克（José van Dijck）等人广受关注的观点，平台是指用来组织用户的、互动的、可编程的基础设施（infrastructure）设计[11]。在平台化的过程中，平台凭借其强大的数据技术能力将世界上众多之前没有被量化过的事物转化为数据，并且通过具有高度选择性的、具有智能操控能力的网络化连接来重塑社会[12]。从这个角度来看，新闻平台成为各种新技术交互作用的汇聚场，其重要特征就是数据化，即新闻内容通过数据的方式被生产、分析、筛选、储存和传递。在这个过程中，传统新闻生产的过程和新闻编辑室的结构、运作逻辑以及新闻生产者的角色都已经彻底改变：来自个人用户、机构用户和合作信源方等不同来源的新闻信息在这里经过加工后，再经由高度智能化、具有强烈操控性特征的算法分发给多元化的用户。因而，在新闻平台化的条件下，算法技术和平台工具已经融合到新闻生产中，逐渐改变着新闻传播的结构，使得技术、物和人共同参与其中，并在新闻的生产和消费中建立起一种去人类中心的媒介网络，共同建构着一种新型新闻生产关系。

这种新型新闻生产关系，如果从“社会性—物质性”角度进一步进行分析，其非人类中心主义的特点就会更加突显出来。技术本身既包含着物质属性，也具有社会属性。一项新技术发明之后在社会中产生影响，是技术本身不断融入社会的结果。因此，新闻平台化过程中涉及的技术，已不仅仅是电脑中由代码所组成的算法，或者如何制作纸张和印刷字体等方法过程，而是一整套网络体系。在这里，按照兰登·维纳的观点，技术（technique，主要指文化与社会性技术）的概念包含三个层面：首先，它是一种装置（apparatus），对应着工具、仪器、机械、用具、武器和小器件等等。其次，技术也指向技术性的活动（technical activities），即人们完成某件事情所需要的技巧、方法、程序和惯例（routine）。再次，技术是一种网络（network），这个网络将人与装置连接起来，构成一个巨大的系统[13]。在数字化新闻生产过程中，仅仅依靠装置或者工具是无法完成内容的采编和分发的，人和装置在其中都起到重要的作用。而数字技术将人与作为装置的新闻平台连接起来，构成一张结构紧密的网络。

这种新闻生产的技术网络体系具有高度的多元性、分散性和包容性，它既囊括了专业记者所需要掌握的专业新闻采写技巧和方法，以及在记者编辑群体中所构成的惯例，也将媒体平台的基础设施、计算机设备、媒体记录的仪器设备纳入其中。它更将各类自媒体作者、多种来源的新闻与信息机构所开发的多元信息站点，都通过技术数据接口的方式整合起来。在这个过程中，数据平台最重要的目的，是通过这个网络汇聚新闻类数据。因此在重新审视数字技术下的新闻学研究的时候，从以内容为视角转变为以数据为视角，能够开启一个将作为传统新闻主体的人与作为物质的技术和数据之间相联系的新视角。人与物质共同构成了新闻生产的整个流程，形成一种“社会—物质”关系网。

从数据的角度出发思考平台化背景下的新闻，可以基于认识论对大数据进行审视，从而重新思考数据作为客体的存在在新闻学研究中的角色。美国学者C.W. Anderson提出大数据其实是一种“新闻导向物（objects of Journalism-orientated）”，从本质上讲，大数据和传统新闻机构常用的数据库、调查报告和纸质文献一样，都是一种物质性的“客体”[14]。“新闻导向物”的概念在理论上源于Harman所提出的“物向本体论（object-oriented ontology）”概念。不同于大多数现代哲学所理解的“物体/客体（object）”作为“主体（subject）”的对立面而存在，这里的物体的使用范围更为广泛，不仅适用于实体的物质实体，还适用于人、动物、虚拟人物、数字和矛盾的实体（如方与圆）[15]。延续了海德格尔关于“物”的思想，“物向本体论”强调了物体在理解人与非人关系中的重要作用，认为在人类和非人类的直接接触中，物体“退出（withdraw）”了，所以事物之间的关系总是间接的，必须加以解释，而不是想当然地假定和认为。将物的视角融入新闻学研究，可以进一步发现原本隐藏在新闻背后的数据、硬件和基础设施，在分析新闻内容的同时引入技术因素，应对当下新技术为新闻理论带来的挑战。

在数据作为一种物质性客体的基础上，许煜融合了海德格尔关于“物”和西蒙东关于“技术物”的思想，从物的本体论角度发展出了“数码物”的概念。数码物指形成于屏幕上或隐藏于电脑程序后端的物体，由受结构或方案（schema，即元数据赋予语义或功能的结构）所管理的数据与元数据（有关数据的数据）组成。它们遍布于网络视频、图片、文字，以及社交媒体的个人主页上，既存在于电脑屏幕上让人可以与之互动，也存在电脑程序的后端或者内部[16]。数码物既包含着数据的物化（例如，人通过屏幕、网络就变成一种数据，再通过屏幕映射成一种物）的过程，也包含着物的数据化——通过标签将物体编码到数码环境中的过程。通过互联网所造就的语义网络，数码物所表示的不仅仅是物体本身，还是一种关系，从而实现人的思想与机器之间的协同运作。技术物的运作需要与外部环境发生关联而构成一种缔合环境（associate milieu）来提供系统恢复平衡的稳定功能，所以“技术物的存在方式在于它不同的网络化模式”[17]。

从数码物的角度来看，人们目前所处的环境其实是由各种物体与用户组成的网络所建构的信息系统。而“物（古德语dinc）”[18]在海德格尔看来本身就包含着聚合的意思，聚集了上帝、天堂、尘世、凡人四个层面的属性，成为融合了天地神人四重维度下的聚集物。因而数码物将人与物聚合，建构了一种以数码物为中心的空间、时间和人之间的关系。在这种聚合中，内容并不是数码物的关键问题，真正重要的是关系，数码物的网络同时也是一种关系网[19]。技术物本身包含了周遭环境，也就包含了人的因素，从而也决定了媒介中的人与人之间的关系、时间和空间等。例如，在众多新闻App的推荐中，算法根据用户所处的地理位置或者好友关系来推荐新闻内容。脸书中的“时间轴”功能将用户个人发生的重要事件连接起来，或者新闻实时推送中按照时间先后来发布和更新新闻事件，这些事件构成了数码物的时间本体[20]，以拓扑性时间的方式表达着不同物体之间的网络关系。数码物不仅参与这种新闻生产关系过程中，并且建构着一种新的新闻关系，进一步从物的角度诠释了媒介所建构的时间与空间关系。

循着物质性视角从知识生产的过程来看，新闻生产其实是一种社会聚合（assemblage）的过程，而采访写作的过程也是知识建构的过程。记者运用专业知识与技能，将“客体”——数据库、调查报告和纸质文档中的资料和证据关联起来。各种各样的知识碎片被聚合为新闻产品，而新闻故事也是诸如文档、访谈、数据和链接等社会的与物质的人造物所聚合出来的结果。所以从认识论上讲，数据并非传统意义上的客观事实，而是某种具有重要意义的“知识形式”[21]。从这个角度上看，“物向本体论”的概念与拉图尔所提出的“行动者网络理论（Actor Network Theory，ANT）”非常接近。因此传统新闻生产其实是作为主体的新闻记者、编辑在建构事实的过程中将上述各种类型的客体关联在一起的过程。以新闻实践的方式，行动者（actor）和行动体（actant）之间形成了一种人与物的关系网[22-23]。在这个网络中，作为媒介技术物的基础设施结构影响着新闻生产关系的建构。传统新闻传播过程中通常有三种把关，在“输入”环节控制哪些信息可以进入新闻报道中；在“输出”环节控制哪些报道可以通过媒体传播出去，以及在互动环节来自受众的读者来信或者反馈等如何通过媒体再现。然而新媒介技术改变了媒介基础设施的结构，拓展了信息来源和可以发布的空间渠道。随着把关渠道的改变，传统的把关难以实现，媒体平台也不再完全为专业新闻生产者服务，新闻生产的参与主体变得更加多元。由此，记者和编辑等专业新闻生产者的功能从“把关（gate-keeping）”转化为“守望（gate-watching）”，他们从把关决策唯一的决定者转变为重要影响者[24]，从而与部分受众、多元的新闻内容生产者，以及算法共同影响新闻信息的筛选、储存与传输。新闻平台与图书馆的运作逻辑非常相似，记者和编辑在其中的功能类似图书馆员（liberians），一方面的目的在于，在特定知识的范围内选定适合发布的内容，从而根据受众所需将他们引导到正确的信息获取方向，这要求记者具有广泛的知识背景，然而他们并不能限定受众获取知识的渠道；另一方面，记者们也是特定领域的专家，掌握着该领域的前沿信息[25]。

新闻学研究的物质性视角为分析新技术条件下新闻生产提供了一种关系本体论的视角，在融合了传统新闻对内容的关注下，进一步将分析重点导向作为客体物存在的数据，并以数码物为核心来重新思考构成其周围环境的人与关系。这里需要澄清的是，新闻学研究的物质性的视角并非只强调物本身，而是以物作为本体，从物的视角去思考人与物共同构成的媒介关系网。这种去人类中心化的新闻学研究视角围绕媒介技术展开，也为重新审视新技术对新闻传播的影响、分析新技术带来的新闻传播现象开辟了一条“物质—社会”的路径。但是，技术在新闻传播中所起到的作用并非仅存于数字新闻的时代，而是自新闻诞生之日起，新闻生产便在人与物共同建构的媒介技术网络中运行。

二 新闻生产中的媒介本体：技术媒介控制了人？

新闻平台的数据化也给理解新闻生产中人与技术的关系带来了挑战。在《智能新闻生产：媒介网络、双重的人及关系主体的重建》一文中，吴璟薇和郝洁梳理了学界对于技术侵蚀人的主体性的忧虑，以及学界关于技术主体性、重新伸张人的主体性和“人机联姻”的融合主体性的三种不同主张[26]。然而，人与技术的冲突并非数字新媒体时代的产物，而是从机器开始大规模进入人类生活的时候就已经被注意到了。尤其伴随着工业化的发展，技术的自主性特征也越来越突出。马克思在《资本论》中将工厂描述为“一个由无数机械的和有自我意识的器官组成的庞大的自动机，这些器官为了生产同一个物品而协调地不间断地活动，因此它们都受一个自行发动的动力的支配”[27]。在技术系统中，虽然工程师通过程序等手段控制着机器，掌握着程序的实施与更新，但技术却能够实现自治、独立、不为外部法则或者力量所支配。技术一旦投入使用，便能够形成自我生成（self-generating）、自我延续（self-perpetuating）和自我编程（self-programming）[28]。虽然人与技术都同时参与到新闻生产中，但在算法和交互界面的共同作用下，无论是参与编程的工程师还是最终进行审核的内容把关人员，都需要遵循系统的技术逻辑：工程师的代码必须按照特定的计算机语言和逻辑进行，而人则须在算法出现问题的时候进行审核，协助系统更新以保证系统更加准确有效运行。

从这个角度来看，数字技术下的新闻生产体系已经成为一个“巨机器（megamachine）”，无论是人还是技术都需要服从客观的秩序、目标一致、精确、守时、多产、快速高效和标准化[29]。在巨机器中，技术是被社会建构起来的，是一种社会关系[30]。千百年来，人们已经将社会关系的概念延伸到了既包含人也包含非人的行动体：通过行动进行财产交换，人与非人共同构成了行动的共同体。在这个过程中，工业赋予了非人在行动体聚合中彼此关联的可能性，这种聚合被人们称为机器或者机器人（automaton），其具有某种自主性并且遵循特定的能够被工具或者计算程序进行测量的规则[31]。工业化社会到来之后，组织中原本由人组成的部分子程序被非人所代替，机器、工厂、工业和机器人便产生了。一开始非人加入到组织中而且扮演着顺从的仆人角色，然而随着工业化进程的不断发展，巨机器中对人的管理逐渐转移给非人，技术则可以通过权力网络学习到大规模管理的能力。在这种结构中，人与非人都共同为技术系统的有序运行而服务，人类不再具有自立的人格，更不能积极发挥职能作用，而只能成为一种消极被动、无目的性的、服从机器操控的动物[32]。

除了“巨机器”概念中体现的技术的自主性与人的被动地位以外，很多人也在孤立地理解弗里德里希·基特勒（Friedrich Kittler）中期的“后人类主义”视角，认为至少从表面上看起来，在基特勒以技术媒介为主体的媒介网络中，人更多是信息和媒介的传送、记录和保管者，一种“机器话语处理的配件和工具的主体”。在这个意义上，基特勒比他所自承的“将海德格尔的技术概念转移给了媒介”[33]，其实还更进一步，将技术对人的“促逼”作用推向了极致[34]。但是实际上，基特勒对于媒介的网络关系主体性的阐述要复杂得多。基特勒本人的确主张技术媒介的本体论特征即是基于“处理、传输、存储”数据和信息的网络，无论是书写、印刷，还是打字机、留声机和电脑，这些技术媒介都使得信息、话语和语言在空间得以“处理、传输、存储”，从而使信息、话语和语言在时空中成为“不朽的东西”[35]。而在现代技术媒介条件下，技术媒介强大的自主性将人变成了机器话语处理的配件和工具。但是，一方面，基特勒强调，技术媒介从来不是单独的媒介，而是由诸多媒介形成的网络。例如，图书馆被称为书的存储媒介[36]。扩大来说，就“被称为书的存储媒介”来说，古登堡式印刷机、书、运输售卖系统、书箱、家庭书架或图书馆（甚至是制造这些技术媒介的其他技术媒介和工具），共同组成了一个技术媒介网络。在此基础上，小到雅克·拉康授课时由录音机、耳机以及打字机组成的课程记录媒介网络[37]，大到一个国家的阶段性的总体话语网络[38]都在模拟媒介网络的基础上得以形成。从基特勒的媒介网络主体视角进行分析，人的绝对主体地位如果不是从来都未曾存在的话，那么至少在机械媒体时代已经大部分消融[39]。另一方面，基特勒毕竟是深受海德格尔影响的媒介理论家，这种后人类主义的叙事视角并不能完全掩盖他的海德格尔式的关系本体论视野，一种基于“共在”的视角。如果统合基特勒前后期尤其是后期的“文化技术”（cultural techniques）的学术思想来看，那么媒介技术本身显然不是唯一的决定因素：技术需要在与人组成的媒介网络之中才能发挥作用。

然而，无论如何，基于巨机器理论以及部分基于基特勒中期理论的阐述，在一定程度上给予人们“数字媒介”的主体性正在全面侵蚀人的主体性的错觉。在此之后的众多的媒介与传播理论家，从多个角度进行了补充。下文将简述德国媒介理论从“媒介性”（英文mediality，德文Medialität）/“中介性”角度对于传播物质性的重构，并基于这种重构来补充论述智能新闻平台在用户使用与消费层面的关系主体性问题。在此基础上，本文尝试建构一种符合数字时代新闻传播特征的中介社会传播模型。

三 媒介中介性：重构新闻生产与传播的关系网络

从物质/技术的视角出发，新闻生产的流程将人与技术物都纳入其中从而形成以关系为核心的媒介网络。除了强调物及其所建构的关系网络在新闻生产中的作用之外，媒介的物质性还非常强调媒介的中介特征，媒体由此成为一个由人（社会组织）与技术共同构成的中介系统，社会也是由众多技术的中介（mediation of many techniques）所建构的[40]。在基特勒所强调的媒介本体的物质性的基础上，西比尔·克莱默尔（Sybille Krämer）进一步发展了物质性的概念，认为在传播过程中，语言通过作为物质的媒介（例如书写、声音和手势等形式）与传播者的身体发生关联，从而被物质化了[41]。她将认知科学的视角引入并将媒介的物质性与人的知觉关联起来，从技术的物质性转而强调传播的物质性，这就意味着，之前基特勒所强调的技术对媒介的决定作用已经被媒介的中介功能所取代。

克莱默尔尝试着放弃之前媒介研究将技术作为先决条件、技术形塑和决定媒介进程的思想，转而关注媒介的中介功能，由此提出媒介性的概念——精神世界的信息通过媒介被感知（wahrgenommen）和理解，媒介亦即感知[42]。媒介性体现为“技术/邮递模型（postal model）”和“人际/性合模型（erotic model）”。前者借用古罗马神话中赫尔墨斯的信使角色，认为早期的信使扮演着媒介的角色，信使在两人之间传递信息但是从不改变信息的内容；后者则认为媒介在中介过程中促进了两人的对话，从而实现了理解和融合。两种模式在分析媒介性作为中介作用的本质特性时，都强调传播的二者之间存在差异，但前一种模型强调传播是在空间和物理距离中建立关系，虽然在交流中两人的个体差异无法消除，却反而能突出传播的对称性和间接性，从而凸显出媒介在传播过程中的必要性；而后一种模型虽然消除了个体内部的差异，但当两人的差异消失时，作为传播工具的媒介也就可以被忽略了，因此媒介处于外围地位。虽然两种模型存在于各种传播和沟通中，但是克莱默尔更加强调技术/邮递模型，因为在其中媒介是信息传递的必要前提。

结合基特勒和克莱默尔对媒介物质性的思考，我们可以发现，新闻传播的过程其实是符号在人与技术所构建的中介性关系网络中被物质化的过程。如果说基特勒的技术物质性更强调新闻的生产过程的话，克莱默尔的传播的物质性则更加关注新闻的传播过程。数字媒介技术的发展使得新闻的生产和传播的过程越来越无法分离，生产者和传播者的角色发生互换，而技术也逐渐取代人的角色，在内容逻辑和技术逻辑的矛盾中共同建构着新闻关系网。那么，在新闻学研究的物质性视角下，又如何理解数字时代的人与技术、传播者与受众、媒介与社会的关系呢？以媒介的物质性和中介特征为基础，结合数据作为重要的物质在新闻传播中的作用，我们引入一种从数据的物质性视角出发，将人与技术、传播者与受众融合的中介社会传播模式（mediated social communication，德语Sozial-Zeit Kommunikation），从而突破传统大众传播模式在分析新闻生产和传播中的限囿，建构符合数字时代的技术特征，更加强调对话、互动以及多元新闻传播主体的新闻传播模式。

中介社会传播模式是20世纪70年代德国传播学者针对大众传播理论所提出的，经过Wagner [43] 和Schönhagen [44]的发展，更加符合互联网时代新闻传播互动性强、传播主体多元和多级传播的特点。在此基础上，我们融入数字时代的新闻的数据化特征，将新闻生产和传播的过程看作媒介技术中介下的数据流动过程，从而分析在中介传播模式中作为物的新闻数据如何将人与技术联系起来并建构出新闻生产的中介系统，以及数据如何在不同新闻传播参与者之间流动，从而构建更加平等、互动的多元新闻传播模式的过程。如图1-1所示，中介社会传播模式分析的是新闻信息如何通过中介系统在传播参与者中间传播的，其所囊括的新闻传播现象既涵盖传统大众传播时代的报纸、广播和电视等媒介形式，也对数字时代的新闻传播行为具有较强的解释力。居中的中介系统对应着新闻生产，而左右两边的对称结构表示新闻传播的过程。

第一，中介社会传播模式强调中介系统在新闻传播中的中心作用。无论记者还是媒介组织都属于中介系统的一部分，都发挥重要的中介角色。中介系统既

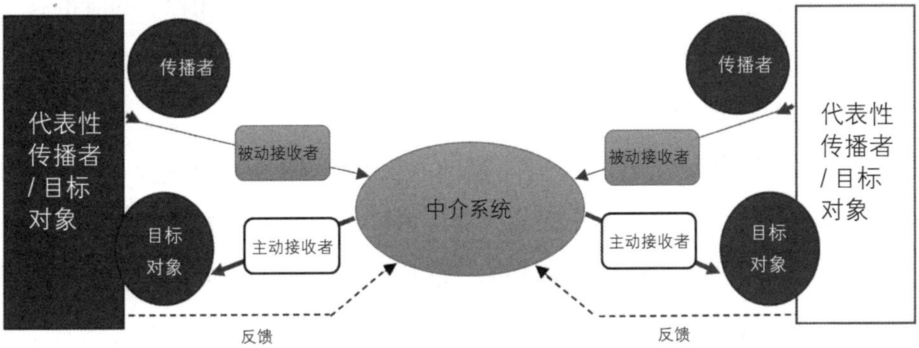

图1-1 中介社会传播模式结构图

来源：根据Wagner和Schönhagen的研究翻译整理。

包含在新闻生产中参与的人，也包含作为技术物存在的数据。人与技术、组织都被物质化为具有媒介性的中介系统。这一模式与传统的大众传播模式最大的区别在于受众的角色。大众传播模式认为传播者和媒体是完全独立的，他们在传播进程中扮演不同的角色，因此只有记者和媒介组织才能在传播过程中收集和传递信息。中介社会传播模式将记者和媒介组织都纳入中介系统中，因为从本质上看二者都具有媒介性。媒介组织内部既包含作为成员的人，也包含着影响新闻生产的数据。从物质性角度看，媒介组织就是一种融合了人与物质的装置。在中介系统中，记者和编辑的功能也从“把关”转换为“守望”，将不同的数据进行处理与聚合，并与算法一同决定着数据的筛选、存储与传播。

第二，传者和受者的角色是可以不断转变的，受众不再仅仅被动地接受信息。在中介系统之外还存在着传播者（output partner，德语Ausgangpartner，即信源）和目标对象（target partner，德语Zilepartner，即接收者），二者分别负责制造和接收信息。图1-1的左半部分的内侧代表一个循环内的流动，即信息从传播者流向目标对象。在数字新闻时代，这里的信息即可理解为作为数码物的数据。信息从传播者发布之后，经过中介系统流向目标对象。在这个过程中，中介社会传播模式进一步区分了主动和被动接收者，这样的区分在数字新闻时代尤其具有重要意义，因为新闻信息的传递目标既包含着传统媒体中被动接受信息的大众，或者通过新闻App平台的用户数据被识别为具有潜在兴趣的用户，同时也涵盖通过社交媒体来订阅和关注新闻内容的用户。为了突出传播者的异质性，中介社会传播模式还进一步区分了代表性目标对象。在传播过程中，并不是每个人都能够接收到信息，因为那些对信息不感兴趣的人会主动选择忽略，或者通过算法的把关，数据也只能流向根据用户兴趣所制定的标签中所表示的特定目标群体。所以，最终接收到传播者发出的信息的人仅仅是“代表性目标对象”，而不是所有的目标对象。这些代表性目标对象在下一轮传播开始中，就会转换为代表性传播者。数字新闻时代，分享性（shareability）成为新闻价值的重要构成要素[45]。社交媒体中，用户阅读某些信息后便会主动分享，从而开启下一轮新闻传播流程，其身份也会从代表性目标对象转换为代表性传播者。此外，图中的“代表性传播者”还包含了那些代表某些社会群体发声的人，例如新闻发言人[46]或者某些新媒体大V。最后，中介社会传播模式也强调传播过程中的信息的反馈，受众的反馈信息（包括传统的读者来信或者数字时代用户的反馈数据）通过中介系统再次被传递给传播者。在数字平台上，这些反馈与数据也决定着用户未来将会被系统推送什么样的新闻内容。在新闻传播的流程中，数据透过中介系统从传播者流向目标对象，再通过中介系统反馈给传播者，形成数据的闭合循环。

第三，左右两部分的对称结构表明，在这一过程中的信息传递不是只有一轮，而是可以不断循环往复的，新闻传播行为是多层次的。这一过程非常符合数字时代的网络传播特点，伴随着数据在传播者和目标对象之间的流动和多级循环，数据沿着网络所构成的网状路径扩散开来。

中介社会传播模式理论打破了大众传播理论相对单一的、被动的传播过程，更加关注传播参与者作为传播者和受者的多元角色转变，以及人与技术在传播中所起到的主动作用，从互动多元的视角来探讨传播参与者与媒体的关系。这一理论模式不仅可以涵盖传统媒体时代的大众传播模式（纸媒时代的信息形式为文字；电子时代的信息形式为电子信号；数字时代的信息形式为数据），而且适用于新媒体时代的社会化传播过程。它能跨越媒介技术变迁所带来的挑战，将传统媒体与新媒体技术下的新闻传播流程都放到同一模式下来分析。中介社会传播模式最大的特点在于：其一，改变了大众传播单一、被动的受众角色。信息的传播者和目标对象的角色是随时在发生变化的，在某个传播过程中，某个个体可以扮演传播者的角色，但是在另一个传播过程中，也可以扮演目标对象的角色。因此，传播参与者在传播过程中同时具有主动和被动的特点。其二，中介社会传播模式强调传播的互动与信息的多重传递，信息的传递不是只有一轮，而是在传播者和目标对象之间多次传递，这一点尤其适用于分析社交网络中的信息传递过程。所以，这一模式基于媒介的物质性和中介性，更加适用于数字化时代的多元的、主动的、以人和物共同构成的新闻关系网络为载体的数据传播过程。

四 结语与讨论

新媒介技术的发展推动着数字时代的新闻学研究从内容转向技术，重构了人与媒介技术的关系、新闻生产和传播的关系。本文基于物质性理论的视角，将新闻研究的中心从人转变为物，并把隐匿在新闻内容和平台背后的物——数据重新揭示出来，新闻生产流程正是媒介技术中介下的数据流动过程。但是，物质性视角并不意味着“以物观物”，而是把关注点落在围绕着数码物所产生的新闻环境和社会关系上，从而重新审视媒介如何决定人的处境。数据在其中作为物的存在，将人与作为装置的新闻平台连接起来，构成以关系为核心的“社会—物质”网络。在这个网络中，尽管新闻生产的内容逻辑与技术逻辑发生着众多的碰撞，媒介技术也体现出一定的自主性，但人与物之间最终通过媒介网络而凝结成媒介系统，技术也需要与人共同建构媒介网络才能发挥作用，从而实现人与技术、思想与机器之间的协同运作。在人与技术协同运作的媒介系统中，物质性的媒介发挥着中介作用，连接着传播者和接收者双方，并在空间和物理中建立起二者的关系，语言等符号形式通过作为物质的媒介而被物质化了。中介性成为媒介的物质性的重要特征，基于物质性视角下，数据作为技术物和媒介的中介性特质，数字时代的中介社会传播模式将人与物共同建构出的中介系统视为传播的中心，信息以数据的形式聚合在由算法和记者共同组成的关系网中，并在传播者和目标对象中循环流动，随着新闻生产和传播的关系网扩散。

从理论范式的构建上，本文选取了物质性理论中与数字媒体相关的部分，试图在下述三点上进行理论的突破：一是立足于数据，将物的概念融入数字新闻生产来理解人与物的关系，从数据的本质来分析新闻生产和传播的本质；二是在人与数码物所共同建构出的新闻关系网中，从媒介网络理论来分析技术的自主性如何与人的逻辑融合成媒介网络，从而应对新技术给新闻从业人员带来的挑战，建构起人与物协同运作的媒介系统；三是在物质性所强调的技术特性和媒介的中介性基础上，将中介社会传播模型融入数字新闻情境，结合数字媒体的特征来建构新闻生产和传播模式，并将数据的流动作为该模式的运作机制，进而分析数据在中介系统内部如何影响新闻生产和重构人与技术的关系，在外部如何重构传播参与者的关系和传播结构。

从物质性的视角来重构新闻生产和传播的关系，充分发挥了数据作为技术物的媒介本体论思想在数字时代的诠释力，不仅在理解新技术条件下的人与技术之间的关系上提供了富有创见的视角，还能通过创建中介社会传播模型来分析数字时代互动性强、传播主体多元和多级传播的特点。新闻学研究的物质性视角将研究对象从内容转变为技术，重新审视技术在媒介发展和社会变迁中的重要作用。但是，这种视角并不等同于技术决定论，因为它将技术置于人与物共同建构的媒介环境中，正如基特勒所指出的，作为技术的媒介物质决定了人的情境，而真正发挥作用的是这种情境，技术的影响力也需要在与人共同建构媒介网络中才能发挥；也正如许煜所强调的，技术物也需要缔合环境来维持其与外部环境之间的关联和平衡。所以，媒介技术或者技术物，在新闻生产和传播过程中提供的是一种情境，或者一种环境，在其中需要人与物协同运作，需要内容逻辑与技术逻辑协调发展，才能推进整个新闻体系的有序发展。

此外，从技术视角来反思新闻生产和传播流程并非是近年研究的一种创新，而只是一种理论回归。这种回归从理论上讲，远可以追溯到19世纪中期以来技术哲学的探讨，近可以回溯至伊尼斯和麦克卢汉等人对媒介技术的探讨；而从历史上讲，技术对新闻的影响贯穿着整个新闻行业发展的历史，乃至人类信息传播的历史。从口语到文字，从书写到印刷，再从纸张到电子屏幕，每次媒介技术革新都会带来语言符号系统、媒介形态、新闻生产关系和社会权力关系的变革。历史是延续的，数字时代的变革亦是如此。因此新媒介技术所带来的改变也并非完全脱离媒介发展的规律。物质性视角所带来的新闻学研究范式转向，是将宏观视角的媒介理论融入更加关注微观层面的新闻实践，重新审视技术因素对新闻传播媒介的影响，从物质性和媒介性的本体论视角重新定义既存在于大众传播时代，也存在于数字新闻时代的人与媒体的关系，这将赋予新闻学研究更为宏观的视角和更强的理论解释力。面临着新技术的挑战，未来新闻学研究中，除了可以引入物质性视角以外，还可以将媒介研究中的具身性、媒介与感知的关系，生命视角、空间和时间观，以及后人类主义理论引入，去进一步挖掘隐匿在新闻传播现象背后的本体论和认识论问题，从媒介的视角观照人类社会与新闻传播的发展。

参考文献

[1]杨奇光. 技术可供性“改造”客观性：数字新闻学的话语重构[J]. 南京社会科学，2021（5）：118-127.

[2]常江，田浩. 介入与建设：“情感转向”与数字新闻学话语革新[J]. 中国出版，2021（10）：9-16.

[3]白红义，曹诗语. 重塑新闻理论？：行动者网络与新闻研究的STS转向[J]. 新闻大学，2021（4）：1-14+119.

[4]章戈浩，张磊. 物是人非与睹物思人：媒体与文化分析的物质性转向[J]. 全球传媒学刊，2019，6（2）：103-115.

[5]曾国华. 媒介与传播物质性研究：理论渊源、研究路径与分支领域[J]. 国际新闻界，2020，42（11）：6-24.

[6]袁艳，陈朝辉，王家东. 中国媒介物质性研究的学术图景及其反思[J]. 华中科技大学学报（社会科学版），2021，35（4）：131-140.

[7]戴宇辰. 媒介化研究的“中间道路”：物质性路径与传播型构[J]. 南京社会科学，2021（7）：104-112+121.

[8]白红义. 以“人—物”关系为中心：新闻研究的物质敏感性[J]. 福建师范大学学报（哲学社会科学版），2021（5）：131-141+171.

[9]吴璟薇，郝洁. 智能新闻生产：媒介网络、双重的人及关系主体的重建[J]. 国际新闻界，2021，43（2）：78-97.

[10]吴璟薇，郝洁. 智能新闻生产：媒介网络、双重的人及关系主体的重建[J]. 国际新闻界，2021，43（2）：78-97.

[11]VAN DIJCK J，POELL T，DE WAAL M. The platform society：Public values in a connective world[M]. Oxford City：Oxford University Press，2019：9.

[12]VAN DIJCK J，POELL T，DE WAAL M. The platform society：Public values in a connective world[M]. Oxford City：Oxford University Press，2019：33.

[13]温纳. 自主性技术[M]. 杨海燕，译. 北京：北京大学出版社，2014：8-9.

[14]ANDERSON C W. Between the unique and the pattern：Historical tensions in our understanding of quantitative journalism[J]. Digital journalism，2015，3（3），349-363.

[15]HARMAN G. Object-oriented ontology：A new theory of everything [M]. London：Penguin UK，2018.

[16]许煜. 论数码物的存在[M]. 李婉楠，译. 上海：上海人民出版社，2019：1-2.

[17]许煜. 论数码物的存在[M]. 李婉楠，译. 上海：上海人民出版社，2019：30-31.

[18]海德格尔. 演讲与论文集[M]. 孙周兴，译. 北京：生活·读书·新知三联书店，2005：12.

[19]许煜. 论数码物的存在[M].李婉楠，译，上海：上海人民出版社，2019：130.

[20]许煜. 论数码物的存在[M].李婉楠，译，上海：上海人民出版社，2019：

168-169.

[21]“国内外新闻与传播前沿问题跟踪研究”课题组，殷乐. 大数据时代的新闻：个案、概念、评判[J]. 新闻与传播研究，2015，22（10）：119-125.

[22]LATOUR B. Reassembling the Social：An Introduction to Actor-Network Theory[M]. Oxford City：Oxford University Press，2005.

[23]ANDERSON C W，DE MAEYER J. Objects of journalism and the news[J]. Journalism，2015，16（1）：3-9.

[24]白红义. 媒介社会学中的“把关”：一个经典理论的形成、演化与再造[J]. 南京社会科学，2020（1）：106-115.

[25]BRUNS A. Gatewatching：Collaborative online news production[M]. New York：Peter Lang，2005.

[26]吴璟薇，郝洁. 智能新闻生产：媒介网络、双重的人及关系主体的重建[J]. 国际新闻界，2021，43（2）：78-97.

[27]马克思，恩格斯. 马克思恩格斯全集：第23卷[M]. 北京：人民出版社，1972：459-460.

[28]WINNER L. Autonomous technology：Technics-out-of-control as a theme in political thought[M]. Cambridge，MA：MIT Press，1978：13-16.

[29]练新颜. 芒福德巨机器思想探析[J]. 东北大学学报（社会科学版），2014（2）：119-124.

[30]LATOUR B. Pragmatogonies：A mythical account of how humans and nonhumans swap properties[J]. American behavioral scientist，1994，37（6）：791-808.

[31]LATOUR B. Pragmatogonies：A mythical account of how humans and nonhumans swap properties[J]. American behavioral scientist，1994，37（6）：791-808.

[32]芒福德. 刘易斯·芒福德著作精萃[M]. 宋俊岭，译. 北京：中国建筑工业出版社，2010：346.

[33]KITTLER F A，BANZ S. Platz der Luftbrücke[J]. Ein gespräch. cologne：oktagon，1996：21.

[34]海德格尔. 演讲与论文集[M]. 孙周兴，译. 北京：生活·读书·新知三联书店，2005：12.

[35]KITTLER F A. Draculas Vermächtnis[J]. Technische schriften. leipzig：reclam，1993：21.

[36]KITTLER F A. Towards an ontology of media[J]. Theory，culture & society，2009，26（2-3）：23-31.

[37]KITTLER F A. Draculas Vermächtnis[J]. Technische schriften. leipzig：reclam，1993：11-57.

[38]KITTLER F A. Discourse Networks 1800/1900[M]. Palo Alto，CA：Stanford University Press，1990：177-365.

[39]KITTLER F A. Draculas Vermächtnis[J]. Technische schriften. leipzig：reclam，1993：11-57.

[40]LATOUR B. Pragmatogonies：A mythical account of how humans and nonhumans swap properties[J]. American behavioral scientist，1994，37（6）：791-808.

[41]KRÄMER S. Sprache，Sprechakt，Kommunikation：Sprachtheoretische Positionen des 20. Jahrhunderts[M]. Berlin：Suhrkamp Verlag GmbH und Co. KG，2001：270.

[42]吴璟薇，曾国华，吴余劲. 人类、技术与媒介主体性：麦克卢汉、基特勒与克莱默尔媒介理论评析[J]. 全球传媒学刊，2019（1）：3-17.

[43]WAGNER H. Das Fachstichwort：Massenkommunikation [The specialist keyword：mass communication][C]//Vermittelte Mitteilung. Ein journalistisches Modell der Massenkommunikation [Mediated message. A journalistic model of mass communication]. München：Reinhard Fischer，1998：187-240.

[44]SCHÖNHAGEN P. Soziale kommunikation im internet：Zur theorie

und systematik computervermittelter kommunikation vor dem hintergrund der kommunikationsgeschichte[M]. Bern：Peter Lang，2004.

[45]HARCUP T， O’NEILL D. What is news? News values revisited（again）[J]. Journalism studies，2017，18（12）：1470-1488.

[46]BECK K. Kommunikationswissenschaft[M]. Konstanz：UVK，2007.

（本文原载于《新闻与写作》2021年第11期，第28—37页）

第三讲 连接性、气候与冠状病毒：数字媒体与可持续未来

格雷厄姆·默多克（Graham Murdock，英国拉夫堡大学社会科学系文化与经济学教授）

很高兴有机会能在这场会议中发言。毫不夸张地说，人类与地球上的其他物种、资源和环境的关系，已然到达一个决定性的转折点：我们既可以选择维持现状，面对一个因人类过度采伐而被破坏的自然世界，且相应地承受那些预期之中，抑或是始料未及的风险；或者，我们也可以认识到作出根本性变革的重要性，并担负起相应的责任——创造一个不论在社会还是环境层面都可持续的未来。

在过去一年里发生的两次全球性危机，不仅深切地影响到每个人的生活，而且昭示了我们目前所处的紧张形势。首先是气候变化，之前人们仅仅是从某些冰川融化的照片中模糊地感知到这一问题，以为它不过是一个极为缓慢的进程，但当这一年来陆续暴发的洪水、飓风和森林火灾摧毁了人类的家园、破坏了动物的栖息之地后，无疑唤醒了麻木无知的人类。其次是新冠病毒，截至目前，它正以极高的感染率和死亡率在全球各地肆虐，其中也包括世界上最发达的美国。这两大危机，其实都与我们当前传播系统的组织方式紧密相关。在这里，我一方面会试图描绘出全球性危机与传播学之间的联系；另一方面，我将讨论传播学学者在参与创造一个可持续发展的未来上应肩负的责任与义务，并给出相应的建议。

一 数字资本主义：全球网络与市场

作为目前世界范围内掌握的科学证据最全，也最为权威的参考文件，联合国政府间气候变化专门委员会（Intergovernmental Panel on Climate Change）在最新发布的报告中指出，我们只剩差不多十年的时间来应对不断加剧的气候危机。如果我们因不采取果断有力的行动而错过这一节点，等待我们的不仅仅是持续上升的全球均温；由于全球天气、洋流和陆温系统将以不可预测的方式相互作用，我们还极有可能面临一系列毁灭性的连锁反应。

这场危机可以溯源至工业化时代，尤其是当北半球的资本主义社会从可再生能源转向对天然气、石油等高碳能源的依赖之时。这些化石燃料在最初都被视为“进步”的标志，蒸汽、汽油和柴油相继取代了前工业时代的风车、水轮、犁马来驱动发动机，极大地推动了制造业和运输业的发展。但与此同时，对高碳能源的使用也使得其中的二氧化碳被大量释放在大气之中。这些碳排物质在大气层中悬停数十年，宛如一张在地球表面铺开的巨毯，阻止热量逸散，导致陆地和海洋温度持续上升。

已有研究表明，自第二次冰河世纪以来，地球均温一直在稳定线附近上下浮动，从1750年工业资本主义首次出现后才逐渐上升。然而，自1980年以来，由于人类经济结构的根本性重组，均温增速急剧加快。20世纪80年代以来，世界各国相继围绕市场、竞争和利润实施经济改革，摆脱了公有制和国有制的束缚。这种市场化导向的结构性转变，在意识形态上昭示了新自由主义的复兴。它赋予企业家进入每一行业领域的权利，使得每一个人都能充分表达自我和通过个人努力提升生活质量。然而，新自由主义经济在不同地区发生的原因、产生的结果也不尽相同。

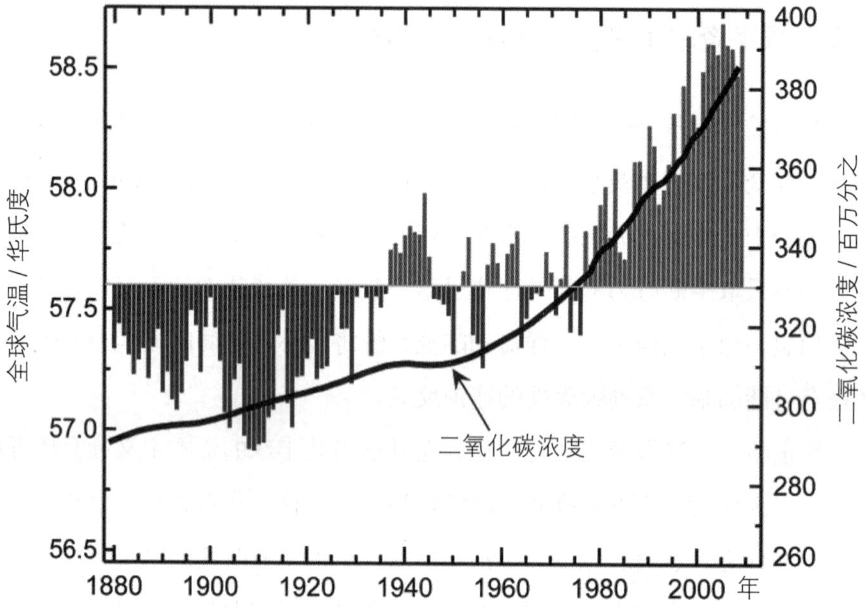

图1-2　1880年后全球二氧化碳排放量和全球气温上升趋势

从20世纪70年代中期开始，结构性危机开始不断呈现累积之势。以英美为首的西方工业资本主义核心国家率先挑起了对凯恩斯主义的批判，将滞胀等问题归结于过于广泛的国家管理和政策干预，它们不仅要求开放市场、出售公共资产，并且要求政府降低对公司经营活动的干预、削弱工会的力量，这些典型的市场化特征在后面也随之转移到新兴经济体身上。为了扩大工业基础，新兴国家大量依赖高碳排量的煤炭为主要能源。在一些国家，围绕“开放市场”（open markets）进行经济结构重组甚至成为从西方国家金融机构贷款的前提条件之一，亚洲金融危机后韩国经济的转型就是一个重要的例子。在其他国家，印度转向市场化的原因来自对尼赫鲁时代“自给自足”承诺的失望；在俄罗斯等原苏联国家，因苏联体系崩溃而形成的真空为市场化创造了条件；中国于20世纪70年代末80年代初进行的改革，则为企业、市场竞争和利润开拓了新的空间。

将全球市场化进程作为分析的中心，是我们展开后续讨论的第一步。然而，关于数字化的争论常常涉及技术决定论（technological determinism）的视角，许多学者从智能手机、虚拟现实、人工智能等数字化创新出发，详细列举了各种新设备的技术能力，并持续追踪其社会影响。但一旦我们接受了“数字化时代也是市场化时代”这一预设，意识到这两个过程同时出现且不可分割地联系在一起时，我们就会对权力和责任的分配提出质疑：数字化开发的控制权掌握在谁的手里？这些数字化应用将如何被设计、制造和销售？谁来决定数字化应用是被推广，抑或被打压的命运？是谁设计了让数字媒体产生利润的商业模式？谁来偿还这些决策所导致的社会和环境代价？

在资本主义经济中，占据人们日常生活的互联网应用主要集中在脸书、谷歌、微软、苹果和亚马逊等五家美国公司手里。它们对公共传播资源形成的前所未有的控制，是市场化所导致的直接结果。在一个惊人的私有化案例中，你可以看到，政府不仅允许这些公司使用由公共性研究所主导的科技创新成果，且只征以普通税率。同时，这些公司还将巨额利润转移到免受审查的海外账户中。通过将自我归类为“运送者”（carriers）而非“出版人”（publisher）的角色，脸书、谷歌和YouTube等公司成功避免了从前政府加之于传统媒体的审查和言论控制，但这也为它们一直无法遏止谎言、阴谋论和其他有害内容在平台上的泛滥埋下了祸根。最重要的是，这些公司还避开了媒体和广播公司对广告数量和形式的限制，打造了一个充斥着各种产品推销广告的媒介景观。

脸书和谷歌的收入主要来自广告。由于它们能提供更为精准的广告推送服务，广告商逐渐将投资从老牌商业媒体转移至在线平台，使得新闻行业的许多传统媒体大量裁员甚至倒闭。这类定向营销背后所依赖的其实是一种新颖的商业模式：用户可以免费访问数字平台，作为回报，平台也因此享有对用户所有在线互动轨迹和个人信息的垄断权。对用户私人信息的垄断，是私有化的另一个鲜明案例。其实，数字平台上的个人数据拥有许多潜在的公共性用途，例如，政府可以运用这些数据来建设公共医疗保健体制。但截至目前，数字平台所掌握的用户数据仍然受到知识产权法的保护，属于公司的专有资产；而平台运用于精准定位用户需求、实现广告定制化推送的算法系统，同样具有商业上的特权，不受公共监督，人们根本不可能对其发起质疑和挑战。

由于市场化制度对巨型平台的支持和对公共干预的排斥，数字化巨头企业获得了经济上的特权，得以跻身全球顶尖企业的行列，其所有者也成为世界顶级富豪。但不可忽视的是，近数十年来气候和环境危机不断恶化、新冠肺炎疫情在全球蔓延，这些现象其实都与上述公司的两大运营特征紧密相关：数字设备制造商所造成的碳排放和互联网平台上过度的产品促销。

二 具有破坏性的数字设备：追寻碳排放的足迹

传统的传播学研究几乎只关注媒体行业、内容和受众，而忽视了“传播行业的物质基础”（material basis）这一至关重要的第四维度。我们日常使用的通信设备，将人与人之间联结起来的电线、卫星和中继站，这些传播基础设施都是由金属和其他材料制成的，生产和使用这些设备时不仅会消耗物质能源，而且一旦人们将其弃之不用，就会产生相应的垃圾和污染。可以说，这些传播基础设施在其生命周期的任一阶段，都在产生越来越多的二氧化碳。

数字媒体的个性化特征使其越来越受到人们的欢迎。最早的时候，通常是数百人坐在影院里一起欣赏电影，后来又逐渐发展为一家人围坐在客厅的电视机前。到现在，每个人都可能会拥有笔记本电脑、平板电脑、智能手机和游戏机等多台数字设备。每一种设备都会涉及以下生产环节：采矿业和挖掘工人获取生产数字设备的原材料；组装厂工人需要对这些原材料进行加工和组装；从生产地到销售地，需要使用集装箱来进行运输——集装箱会不可避免地引发生态污染；当这些数字设备被弃之不用时，它们就会变成难以计数的电子垃圾。根据苹果公司的统计数据，在数字设备到达用户终端之前，有77%的数字设备碳排放来源于采矿和制造等生产环节[1]。因此，在清算这些数字设备对全球气候造成的负面影响时，我们需要将数字设备生产链条中的每个可能产生碳排放的环节都计算在内。

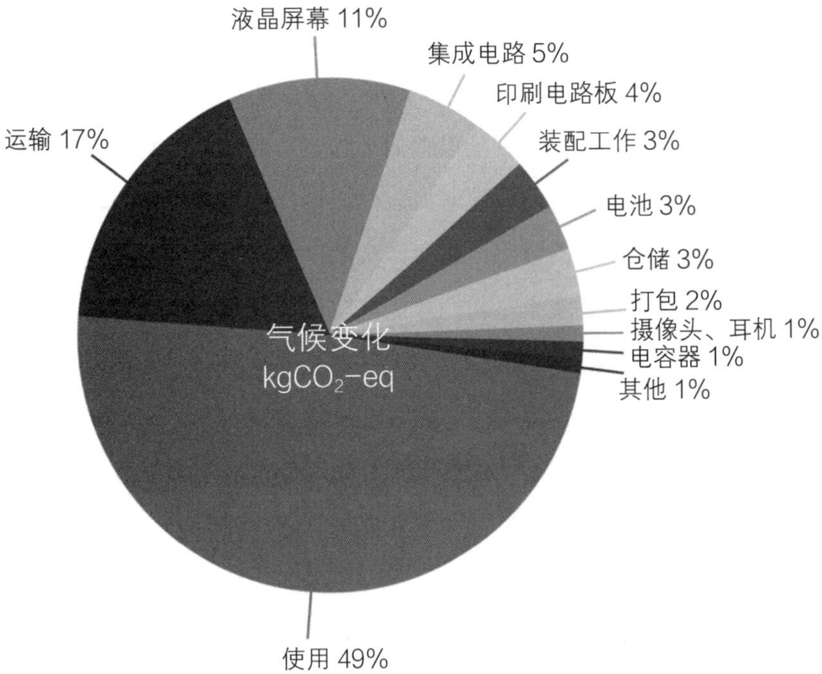

图1-3 一部智能手机产生的碳排放

除了通信设备数量的猛增，数字化还大大增加了数字网络信息传输的数量和多样性。目前，企业及日常互联网行为所产生的数据都存储在专用硬盘或磁盘中，这些存储设备由用户所掌控。但随着时代的发展，这些数据已经越来越多地保存在云计算设施中，这意味着对数据的保管权将从分散的用户转移至重要的互联网巨头。在运营云计算等大型存储服务器时，往往需要许多能量和水来进行冷却；“从虚拟资源池向用户终端传输数据”和“用户终端向虚拟资源池传输数据”这两个环节的加入，导致云计算设施的能源消耗量和碳排量巨幅上涨。人们在音乐消费上的变化是一个有力的例证。在传统时代，黑胶唱片、磁带和光盘等音乐载体的碳排放一直在1.4亿至1.57亿千克之间上下浮动。而到了2016年，随着流媒体服务的崛起，碳排放数量最高达到了2.5亿千克，几乎是原来数字的两倍[2]。相比于音乐流媒体，视频对能量的需求显然更大。随着流媒体影视、电竞和网络游戏的迅速增长，视频也在急剧扩张。据估计，到2030年，视频将占到所有数据流量的89%；还有人声称，通信技术将占据全球51%的电力需求，在全球温室气体排放总量中贡献高达23%的份额[3]。然而，这仍然可能是一种低估——未来无人驾驶汽车的普及、互联网和智能设备的扩张、不断增长的自动化生产和分发，以及智慧城市的建设，还将极大地增加数据流量，加速碳排量的增长。

人们日常使用和依赖的数字设备所产生的巨大碳排量，是我们分析时需要遵循的中心线索。只有循此线索，我们才能理解数字化进程加剧气候危机的来龙去脉。然而，我们也需要思考，这些数字设备在培养大众的过度消费文化中所扮演的重要角色。数字媒体平台不遗余力地宣扬过度消费的文化，不仅消耗了大量不可再生的自然资源，而且让一些生态灾难开始周期性地暴发。近来困扰着世界上所有人的新冠肺炎疫情，就是最新也最有力的例证。

三　冠状病毒的代价：快餐文化和消失的森林

于20世纪70年代发生在发达资本主义国家的结构性经济危机，在一定程度上可以说是由消费不足引发的。自二战结束以来，“大众生产—消费”系统（The mass production-mass consumption system）曾极大地促进了经济的增长。但在20世纪70年代，它却遭遇了一次碰壁。人们添置了冰箱、洗衣机和电视机等高价的家用电器，汽车拥有量也不断增长。但这些事物均属于大额支出项目，人们通常期望它们能够十分耐用，而不是一旦损坏就将其丢弃。为了应对企业生产出的商品而无法销售出去所导致的商品积压，人们必须建立一套新的消费机制，去说服人们消费更多的商品，定期淘汰已有的物品。总的来说，为了确保这一全新的消费机制更快速地运转，数字媒体主要发挥了两重关键作用。

首先，数字媒体以自身的产品开发和营销实践为蓝本，持续向公众传输着这样一种价值观：之前大家使用的旧机型已经不能再满足公众的期待，必须更换最新的版本，才能获得最好的用户体验。苹果公司生产的iPhone就是宣扬这一消费逻辑的典型。每年，iPhone的新版本都会对之前的旧版进行改进，并增加一些新功能，如增加摄像头像素，提升指纹安全，优化系统速度，以及在外壳设计上频出新意，等等。作为用户，我们最好不要对现有版本抱以满意的态度，因为下一个版本将会更好。在这种以一次性为基础的消费文化下，数字媒体循环展映这一类型的广告，不断刺激人们定时抛弃旧物，购买最新产品。

在传统时代，西方电视频道的广告与节目有着明显的区分。广告不仅被限制在特定的空间内，而且在数量和推广形式上均受到较强的限制。此外，政府还对以儿童为促销对象的广告设置了额外的规定，加之传统广告的诸多限制，促使人们尝试综合运用植入、整合营销等多种不同的手段来进行广告促销。例如，赞助协议允许企业将自己的品牌名挂靠到热门节目上；近年来不断兴起的产品植入，意味着企业可以将自己的产品插入电视节目的镜头或剧本里；整合营销，则是指将观众对角色产生的情感依恋以及模仿名人生活方式的愿望，转移到他们所使用和喜爱的产品身上。

在社交媒体不断扩张的过程中，对其广告业务的监管却一直呈现出真空的状态。因此，社交媒体发展出了多重新颖的形式，其嵌入式说服（embedded persuasion）也得以不断地进化和迭代。例如，许多公司在互联网上发布带有自己商标和品牌标识的免费游戏，这些游戏主要以儿童为目标受众群体。近年来，“网红”（influencers）也出现了爆炸式增长。网红是由公司聘用的非专业人士，他们在评论区和短视频等地方为公司产品代言。这些促销手段的主要目标也是儿童，因为只有年轻人才会更容易认同网红所说的话。对于年轻群体而言，网红不论是在外表还是行为上都与自己极为相像，更像是自己在网络上的朋友。2020年，谷歌旗下的YouTube平台上收入最高的十大网红中，年轻人和儿童占到9位。位居榜首的，是来自美国德克萨斯州的9岁男孩瑞恩·卡吉（Ryan Kaji）。通过在自己的视频上推销玩具和自有品牌服装，他在2020年获利共计2950万美元。其他排行居前的网红主要分布在电子游戏和化妆品领域[4]。此外，还有很多年轻的网红和广告型游戏（advergames）卷入了与快餐有关的营销广告中。

由于营养价值低，汉堡、炸鸡和披萨等快餐食品常常被贴上“垃圾食品”的标签。人们永远也不可能完全满足于一顿快餐食品，而总是想要享用更多。数字媒体在加强快餐对于儿童的吸引力上发挥着重要作用。在美国进行的一项研究发现，3—14岁的儿童网红在最受关注的5个YouTube频道中发挥着重要作用。其中，与食物和饮料相关的促销广告被观看超过10亿次，而90%以上的发布都来自麦当劳[5]。此外，快餐也在广告型游戏（advergames）中大量出现。一项美国的研究表明，有近100万名儿童在一个月内玩过与快餐相关的广告型游戏，他们也同时消费了大量的垃圾食品和其他零食。

食品约占美国家庭总碳排放量的10%—30%，而依赖垃圾食品的贫困家庭排放的二氧化碳量自然也最多。然而，大部分食品的碳排放是在生产（68%）和运输（5%）环节中产生的[6]。由于主要依赖肉类和棕榈油两种食材进行加工，快餐食品排放出的二氧化碳也高居榜首。

经济条件的改善和收入的增加，使一些新兴经济国家的家庭从“肉不常有”转变为“无肉不欢”。一项由联合国主持的研究预测，如果按照这样的趋势持续下去，到本世纪中叶，全球肉类消费可能会增长76%[7]。众所周知，牛肉、猪肉和鸡肉这三种主要肉类的碳排放量都远远高于蔬菜和谷物。作为汉堡的主要原料，牛肉的单位二氧化碳排放量最高，为6.61磅（1磅=0.4536千克）。而大米仅仅为0.16磅，胡萝卜更少，只有0.07磅[8]。棕榈油是世界上使用最广泛的植物油，它也是生产快餐食品的必要食材，在制作巧克力和酱料时，也不免要使用到棕榈油。它可以使油炸食品更为酥脆，也可以作为一种天然的防腐剂，延长面包、蛋糕和其他熟食的保质期。

为了满足人们对棕榈油和牛肉不断增长的需求，生产商将大片森林开垦为牧场和种植园。作为全球主要的棕榈油生产地，东南亚地区的森林覆盖率在1978至2018年间降低了近30%[9]。亚马逊平原拥有全球最大的热带雨林，但由于过度采伐和放牧，其植被同样面临剧减。仅仅在2019年的7至8月，其毁林率就增加近10%[10]。一项最近的全球统计显示，在2019年，每隔6秒就有一个足球场大小的原始雨林在世界上某一个地方消失[11]。森林的消失，于地球的生态和气候而言是一场绝对的灾难。众所周知，森林可以通过吸收二氧化碳来缓解全球变暖。如果人们将地球变成光秃的陆地，那无疑会将地球变为二氧化碳的净排区。此外，森林的减少还会导致生物多样性锐减，维持地球生态系统平衡的昆虫和植物会因为丧失栖息地而走向灭绝。此外，如果土地转变为畜牧场，牛群产生的甲烷气体也会大量增加，而甲烷转化为温室效应的能力，是普通化石燃料的86倍[12]。

森林砍伐也是导致全球流行病的原因之一。过去，动物被限定在具有自我调节能力的森林内部，但现在却因为家园的流失而被不断往外驱赶，不得不与人类进行更为密切的接触。蝙蝠是其中最为特别的一种，它们不仅数量巨大，而且非常善于适应新的栖息地。例如，蝙蝠可以很轻易地在牧场旁边的谷仓等其他配套建筑中定居，同时，它们也可以从人类聚居区内找到充足的食物。与其他物种相比，蝙蝠能在携带更多病原体的同时而确保自己不受任何伤害。本世纪暴发的SARS、MSERS和COVID-19等冠状病毒疫情，最初都是由蝙蝠携带，再经过其他中间宿主传播给人类的[13]。蝙蝠成群聚集在一起，它们的粪便在给其他物种提供养料的同时，也为疾病的传播创造了条件。最近的一份报告指出，由于在新近疾病暴发地的野生动物携带有将近170万的未知病毒，如果当地的土地使用、农业和粮食生产模式保持不变，那未来的传染病大流行将不可避免[14]。而灯火通明的麦当劳和肯德基餐厅，以及这些快餐公司在数字平台上无处不在的促销广告，则是加速森林消失、加剧气候危机和导致全球流行病频繁暴发的最后一环。

四 可持续发展的条件

在思考可持续发展的条件这一问题时，我找到了一张圆环图（见图1-4），这很像一个甜甜圈。该图由激进派政治经济学家凯特·拉沃斯（Kate Raworth）于2017年制作发表[15]，为我们后续的分析提供了有益的思路。传统的甜甜圈是由一圈带有甜味的面团做成的，为了保持它的形状，包围中间镂空处的内外环都需要保持完整，不能使其分裂开来。拉沃斯认为，我们可以将地球上适宜人类居住的地方想象为一个甜甜圈，这个甜甜圈的外环是我们必须要遵守的环境上的规则和要求，内环则由多个经济和社会条件组成，这些条件使每个人都能获得有尊严的生活、平等的机会，并防止人们陷入歧视和贫困。

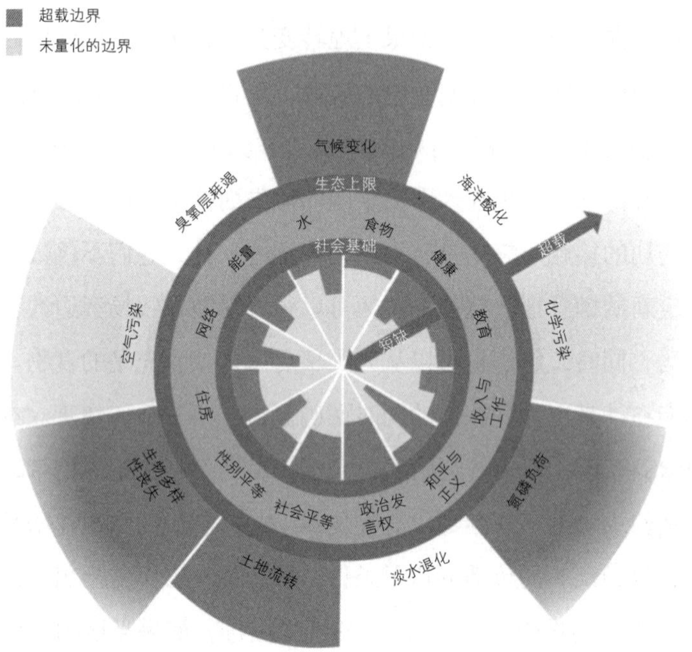

图1-4　人类社会和地球平衡边界“甜甜圈”模型图

从图1-4可以看到，我们对可持续化未来的追求，是对社会正义、平等尊重的追寻，更是对一个生态平衡、适宜人类居住的星球的希冀。这两者是相辅相成，而非割裂开来的。市场化进程将收入和财富的天平再一次向特权者倾斜，使社会贫富差距越来越悬殊。这些生活在社会底层的人不仅承受着更大的经济压力，在面对环境危机时也缺乏足够的资源和能力。在设计应对当前危机的对策时，我们迫切需要解决数字化生产链条中那些涉及剥削性、危害性的劳动。我们不能忘记的是，在刚果，有一群孩子正在露天的矿山里开采钴矿，或者在成堆的电子垃圾中清理那些可重复利用的物质；我们也不能忘记，组装厂里的年轻女工日夜工作却只能维持温饱，在货船上艰辛工作的海员没有配备任何的安全系统。

正如我刚刚所定义的，确保可持续发展不仅涉及对当代经济组织模式的根本性改变，更涉及与之相适应的意识形态模式的重组。我们不应再将“进步”定义为一场由不断攀升的消费水平为支撑的经济增长竞赛。相反，我们应当将“进步”定义为一种承诺：确保地球上的每个人都能体面地生活。这种观念上的转变，要求我们从根本上改变人类目前与自然世界的关系。自然资源不是免费的馈赠，我们不能肆无忌惮地利用其进行商业开发；它是至关重要的生命支持系统，人类必须对其进行保护。这种对自然环境的保护和关怀一直在提醒着土著居民，这也是为什么他们经常冲在反对企业收购土地的前列[16]。

随着数字媒体日益成为人们生活的中心，传播学研究者因此被置于争议的浪尖，社会也赋予他们“为可持续发展作出贡献”这一特殊的责任。虽然我不可能在这里提出一项全面周详的行动计划，但请让我陈述一些可行的措施。

作为研究者、写作者和记者，我们需要在引导公共辩论中发挥积极的作用，对人们日常使用的数字技术所造成的社会和生态成本提供权威的分析。同时，还应当扮演好阐释者的角色，向人们清晰地解释，如果不采取根本性的措施来应对气候和环境危机，将要面临何种不断升级的风险。然而，如果我们持续向人们灌输“环境正在不断恶化”类似的警告，很容易引发人们的无力和屈服。为此，我们需要向人们提供一些成功的案例来维持平衡，比如，在某些社区内实施的人工干预，已经为当地的日常生活带来了福祉。此外，如果我们当中有人在公共机构中担任职位，则有责任带头证明，通过使用那些在生产中含碳量不高、使用后可修复也可回收的可再生能源（renewable sources），来不断向“零碳未来”（zero carbon future）迈进，既是可能也是可行的。

显然，要有效地解除气候危机和大流行的威胁，必须用更健康的方式来替代快餐食品。然而，要改变人们的消费习惯异常困难，因为每个人的饮食选择与自身健康、身材管理和社会身份紧密相关。但最低限度的要求是，人们应当对数字平台上的食品推销广告进行严格的限制和监管，并在销售点和商品包装上显著地注明每件商品的碳排放量。

我刚刚列举的案例经常被误读为在宣扬历史倒退，人们或许还会认为我对数字技术怀有敌意。但这就将我的论点完全颠倒。我们需要将这些技术的可能用途和它们目前被组织和控制的方式相区分，而不是混为一谈。正如我在一开始所说的，在西方资本主义社会，数字创新已经被少数几家巨头公司全面垄断，这些公司在市场化利润分配中都占据上风。我们必须反对这种企业兼并，并重新将数字系统定义为公共资源，以使其更好地服务社会，确保环境的可持续发展。

这要求我们重塑公共服务媒体（public service media）的理念，建立一种和谐的方式，来取代之前完全商业化的传播方式（commercially saturated communication）。公共服务媒体的资金全部来自税收，它不承载任何形式的广告，对所有用户一视同仁。商业媒体将受众和用户视为消费者，他们不断鼓励消费者用市场选择来满足个人欲望，实现社会表达，从而强化了宣扬过度消费的环境破坏文化。相比之下，公共服务媒体将其受众视为公民而非消费者。其受众应当是具有道德感的社区成员，这些人明白，他们的个人生活质量与公共生活质量密切相关，而良好的公共生活是需要大家共同维续的。拥有一辆昂贵的空调车或许会让你远离存在空气污染的街道，但却不会让你孩子的学校取消所有的户外活动。正如我在其他地方所说的，如果当前的数字传播体制建立在企业兼并和商业化的基础上，那可以显然替代这一方式的是数字化公有制（digital commons）[17]。设想一个具有公共性的传播空间应当如何组织，同时确保它具有社会平等和环境可持续的特质，为它设计实用的措施，将它放置于集体生活的核心，这是当代传播学者面临的最大挑战，也是最大的机遇。

翻译、整理人：李雨洽

参考文献

[1]Compare and Recycle. iPhone Lifecycle：What Is The Carbon Footprint of an iPhone[EB/OL]. [2020-05-27].https：//www.compareandrecycle.co.uk/blog/iphone?lifecycle-what-is-the-carbon-footprint-of-an-iphone.

[2]DEVINE K. Decomposed：The political ecology of music[M]. Cambridge，MA：MIT Press，2019：158.

[3]ANDRAE A S G，EDLER T. On global electricity usage of communication technology：trends to 2030[J]. Challenges，2015，6（1）：117-157.

[4]BERG M，BROWN A. The Highest-Paid YouTube Stars Of 2020[EB/OL]. [2020-12-18]. https：//www.forbes.com/sites/maddieberg/2020/12/18/the-highest-paid?youtube-stars-of-2020/?sh=e43a63e6e508.

[5]ALRUWAILY A，MANGOLD C，GREENE T，et al. Child social media influencers and unhealthy food product placement[J]. Pediatrics，2020，146（5）：e20194057.

[6]Center for Sustainable Systems. Carbon Footprint Factsheet[EB/OL]. [2020-12-18]. https：//css.umich.edu/factsheets/carbon-footprint-factsheet.

[7]GODFRAY H C J，AVEYARD P，GARNETT T，et al. Meat consumption，health，and the environment[J]. Science，2018，361（6399）：eaam5324.

[8]Center for Sustainable Systems. Carbon Footprint Factsheet[EB/OL]. [2020-12-18]. https：//css.umich.edu/factsheets/carbon-footprint-factsheet.

[9]AFELT A，FRUTOS R，DEVAUX C. Bats，coronaviruses，and deforestation：toward the emergence of novel infectious diseases?[J]. Frontiers in microbiology，2018（9）：702.

[10]BBC. Brazil's Amazon：Deforestation 'surges to 12-year high'[EB/OL]. [2020-11-30]. https：//www.bbc.co.uk/news/world-latin-america-55130304.

[11]Global Forest Watch. We Lost a Football Pitch of Primary Rainforest Every 6Seconds in 2019[EB/OL]. [2020-12-28] .https：//www.globalforestwatch.org/blog/dataand-research/global-tree-cover-loss-data-2019/.

[12]JACKSON R B，SAUNOIS M，BOUSQUET P，et al.Increasing anthropogenic methane emissions arise equally from agricultural and fossil fuel sources[J].Environmental research letters，2020，15（7）：071002.

[13]SHI Z.Du SARS et du MERS à la COVID-19：un voyage pour comprendre les coronavirus des chauves-souris（From SARS, MERS to COVID-19：A journey to understand bat coronaviruses）[J].Bulletin de l'Académie nationale de médecine，2021，205（7）：732-736.

[14]The Guardian.Ignore the conspiracy theories：scientists know Covid-19 wasn't created in a lab[EB/OL]. [2020-06-09] .https：//www.theguardian.com/commentisfree/2020/jun/09/conspiracies-covid-19-lab-false-pandemic.

[15]RAWORTH K. Doughnut economics：seven ways to think like a 21st-century economist[M].Chelsea：Green Publishing，2017：44.

[16]MURDOCK G. Conclusion：One Month in the Life of the Planet-Carbon Capitalism and the Struggle for the Commons[M]//Carbon Capitalism and Communication.Cham：Palgrave Macmillan，2017：207-219.

[17]MURDOCK G. Communication in Common[J]. International journal of communication，2013（7）：154-172.

第四讲　数字诠释学：大数据时代的阐释

汤姆·范·诺伊恩（Tom van Neunen，伦敦国王学院信息学系研究员）

在讨论大数据时代的解释问题之前，我想提醒大家关注“诠释学”（hermeneutics）一词本身。在我的祖国，当荷兰人民听到“诠释学”这个词时，他们往往会有一点冷嘲热讽：“用你自己的话说”，意思就是，不要使用如此晦涩的词语，而是要直截了当地阐明。当然，我说的就是自己的语言。“诠释学”一词已经存在了很长的一段时间，至少可以追溯到古希腊时期。但讽刺的是，我的朋友们对诠释学的批评是有趣的，并且我想分析其中的一些观点。

诠释学的希腊词根意味着“解释”，但也意味着“翻译”。民间词源学把这个词的起源与赫尔墨斯联系在一起。赫尔墨斯是古希腊的贸易、财富、运气、小偷、旅游和语言之神（Zimmermann，2015）[1]。最后一个方面尤其相关，因为赫尔墨斯是奥林匹斯山的信使，奥林匹斯山也是众神居住的地方。因此，他成为众神与人类之间的翻译者。

然而，赫尔墨斯也碰巧是奥林匹亚诸神中最调皮的一位。他经常巧妙地运用语言来欺骗或愚弄人。而且，令人担忧的是，没有人能够证实他所说的话。因为他是唯一真正能与神对话的人。赫尔墨斯的事迹表明，从一开始，解释就一直是一个翻译和重建的问题，它跨越个人、文化和历史经验的巨大鸿沟，并在不经意间改变传递的信息。换言之，解释天生就是个问题。

在《圣经》以及后来的浪漫主义诠释学中，诠释学最初被表述为途径，或多或少有方法论的性质，通过复现文本中的意义来解决这个问题。例如，有一种“训诂（exegesis）”的做法，字面意思是“引出”，即将意义从一篇文章中抽出。

在中国，诠释学的重要性在孔子身上得到了体现。被称为“大学”（或“形而上学”）的儒家经典的批判性解释与西方圣经的诠释学有许多相似之处。它不是一种针对单一客观真相的阅读，而是对文本的一种开放；它需要反思和重建，这又是一个翻译的问题。

再一次，词源学证明了这一点。孔子通常被描述为“神圣”和“最神圣”——这与中国人的“半神”概念有关。有证据表明，与之相关的汉字符号“聖”源于繁体字“巫”和“觋”，指萨满、巫士、巫婆或巫师。这些历史人物扮演了与赫尔墨斯非常相似的角色，能够与灵魂沟通，对宇宙和自然有更高的理解。再一次，谁知道他们说的是不是真的？

这只是说，当人们听到诸如“诠释学”这样的词时，他们怀疑的反应表明了它特别的存在。当西方人说“说你自己的语言”时，他们用语言的力量再现了我们一直以来的问题。学者、专家和政治家经常故意使用这种过度、费力或虚夸的语言。因此，在许多方面，我们尽最大努力不被它愚弄是有道理的。

在“数据化（datafication）”时代，这个议题变得更加紧迫：将我们生活的方方面面转化为数据，然后产生新的价值形式。数据化越来越多地被用作访问、理解和监控人类行为的手段。大数据倡导者倾向于强调其客观本质。只要我们有足够的数据（拉丁语的意思是“既定的事实”），我们就可以理解事物真正的本质。

不幸的是，作为人类，在数据淹没我们之前，我们读取数据的数量是有限的，所以我们过滤它。我们使用越来越复杂的算法手段在周围成堆的数据中寻找模式、主题和一致性。同样地，因为这些工具是计算性的，通常被看作是中立的。由于我们使用的方法是基于统计推断和贝叶斯概率，我们相信它们比困扰我们几千年的混杂的解释工作更客观。

现在，假如你在搜索引擎中输入“数据”或“数据化”，结果中所呈现出的这些花哨的高科技图像，既展示了数据的巨大威力，也展示了它如何为我们提供信息，最终提供知识。然而，我们不应忘记这些图片是修辞形式；它们的本意是让人信服，它们旨在证明数据如何简单地“自说自话”。

正是在这里，诠释学变得非常相关。古老的“训诂”思想，即挖掘隐藏在表面下的意义。代码隐藏在我们遇到的数字材料的表面之下，而在语境中复苏这些代码时可能会很有趣。我们的解释越来越多地通过正式语言而不是自然语言来进行。换言之，我们可以区分使用计算的诠释学和计算本身的诠释学。大部分数据科学家认为后者是理所当然的，并且正在建立一个越来越专业的词来完成前者。

现在我们倾向于认为这种技术性语言是理所当然的。但是每当一种演讲类型对更广泛的听众而言变得越来越模糊时，我们应该谨慎——就像我的同胞听到我谈论诠释学一样。因为这往往意味着当我们在面对解释实践时，已经不再意识到它一开始就是解释性的。例如，我在许多计算机科学会议上看到的成果。这些成果使用的方法通常是建立在以前的认识论和本体论的基础上，并在简单科学进步的旗帜下继承和改进，变得更有效或更精确。然而，其中的一些工具都是在社会和文化环境中使用的，因此，那些声称具有实证精确性的工具只是故事中的一小部分。

蒙昧主义在实践层面上还有一个问题，即它让很多人远离数据科学——这确实不是我们所期望的。例如，当大多数人文学科的学生进入我的编程课时，他们承认有点害怕。他们想学习编程，但听到了太多难以理解的专业术语。因此，他们从一开始就出现在课堂上学习艰涩的编程术语，这种行为就非常有勇气并引人注目。

值得重申的是，作为人类，不管我们使用的算法是否具有访问权限，我们都无法访问整个数据集。我们错误地称之为“原始数据”的东西仍然带有某种选择的印记，无论是包含数据种类的选择，还是在另一端解释的视觉输出的类型[2]。例如，淘宝网或亚马逊推荐类似商品的算法从来都不是“中立的”：它们根据特定人群的数据训练而成，而且植入了程序员自身的偏见。

所以，我认为不要通过“数据化”的视角来看待我们对数据的重复使用，这一点是非常重要的。也就是说，我们不应该把它看作一种完全的诠释学实践，而应看作一种个人或社会实践。这样能让我们理解一个特殊的悖论现象：在社会日益量化的过程中，我们对“事实”的信念也显著下降。

学者们注意到，自20世纪60年代以来，无论是媒体、学术界还是政治界，人们对专家的信任在不断减弱[3]。自从引入互联网技术，事实（无论是真是假）都可以被直接分享，所以这种信任的缺失已经大范围扩张。这种情况现在经常发生在政客和公众之间，被称为“推特治理”。此外，信息工程不仅侵犯政治进程，而且本身也在日益政治化。例如，新加坡最近实施的防止网络欺诈和操纵法案就证明了这一点。

从公民的角度看，情况并没有多少好转。互联网平台是激进的途径[4]，视频平台上的推荐算法引导用户转向“更尖锐”的内容[5]。边缘网络极端主义也变得越来越普遍，4CHAN上臭名昭著的（'/pol/'）留言板等论坛因其用户激进而成为头条新闻[6]。越来越多的错误和虚假消息在私人消息渠道中分享。由于其加密性质和隐私忧虑，这些信息更难调查。

因此，人们不再简单地相信大数据，而是越来越相信自身对大数据的主观解读和过滤。换句话说，对数据的理解是透明的，这并不意味着将其视为一个整体。相反，使用一些数据，这些数据在特定的上下文中充当透明的角色。这种困境导致了所谓的“后真相时代（post-truth age）”。《卫报》主编凯瑟琳·维纳在几年前就指出，事实本质上已经成为一个信仰问题。她写道，“逐渐地，事实只不过是一种让人觉得真实的观点，而科技已经让这些‘事实’以古登堡时代（甚至十年前）难以想象的速度和范围传播开来”[7]。

那么，问题是，文化对客观性和“事实”的强调是否像我们认为的那样有说服力？正如博伊德（Danah Boyd）所认为的，新闻媒体和教育工作者对事实核查的善意强调可能会在复杂的全球、社会与政治议题中产生这样的效果：总有一个单一的真理，或者一个合理的世界观等着被发现[8]。此外，强调“媒体素养”意味着发现唯一真相成了个人媒体用户的责任。比如，孩子在很小的时候就被教导如何使用搜索引擎“自己寻找信息”。博伊德认为，我们今天面临的真正危机不是产生在判断事实真假的层面，而是在认识论层面——我们如何知道某件事是真的？所以，我们需要的是理解能力。我引用一下博伊德的原话，“我们如何理解信息的意义，我们信任谁，以及如何理解自己与信息较量时的角色”。

事实上，除了创造实用的事实验证工具之外，来自社会科学、艺术和人文学科的批评视角对改善数据科学至关重要。我们需要更多的事实核查，但我们也需要认识到，真相的形成是一个内在的社会、文化和个人问题。为了探索大社会数据中这些意义创造的形式——包括参与者和我们这些研究人员——我一直在进行一个名为“数字诠释学（Digital Hermeneutics）”的项目。它以与大社交数据相关的数字工具和方法为中心，基于我在美国加州大学伯克利分校、英国伦敦国王学院和山东大学等大学的教学经历。

我将数字诠释学主要视为一种教学干预，以对抗所谓的“粗俗的计算”。当我教授人文学科的学生的编程课程时，吸引人的是，大部分的学生开始“像计算机科学家一样思考”，并抛弃多年来学习到的许多关键问题和框架。他们学习到的如何制作类别、图表和饼状图，最终取代了老师花费长时间培养出来的强大稳固的解释性思维。

因此，通过数字诠释学，我的目标是颠覆“原始数据”所提供的半客观性，以及我刚才谈到的自我指涉的主观性。相反，我想提醒大家注意诠释学的核心问题是主体间性。也就是说，事实的形成总是以对话的形式发生，尤其是在特定的社会环境中。这意味着计算机科学和诠释学方法的结合。从数据科学的角度来看，学生可以利用文本分析和其他大数据方法来辅助理解交流数据集中的话语结构、主题和模式。

从诠释学的角度，学生要反思研究者的角色，以及解读在社会大数据中所扮演的角色。这意味着将数据科学看作对话活动，研究者从理解一部分数据转变为理解整体的想法，并且一直思考屏幕另一边的人会有什么先入为主的观点，为什么他们提出的特定论点对我们有意义（或没有意义）。这里我借用了德国哲学家汉斯-格奥尔格·伽达默尔的话，他将诠释学的思想发展为对话。

在数字诠释学课程中，学生主要使用来自社交新闻网站Reddit的数据集。它可以与豆瓣相媲美，因为它由各种可供用户订阅的亚文化和小众兴趣的专门论坛组成。学生们在选择一个特定的在线社区进行调查后，会同时进行精读和自然语言处理［或“远距离阅读（distant reading）”］。他们使用多样化的文本和数据分析策略聚焦社区成员的事实和观点是如何被协商的，以及他们用来说服或反驳分歧陈述的语言策略。

该课程的主要目标是参与著名的“诠释学循环（hermeneutic circle）”，这通常意味着在部分和整个文本之间的移动，但也意味着在“近”和“远”之间摇摆。这包括近距离和远距离的阅读，也包括在熟悉和不熟悉之间的转换——无论是文化上的、历史上的，还是意识形态上的。课程开始时，学生们使用在线工具（如你在这里看到的假设）手工注释平台上的交互。这使他们能够优化自己与读者的已有态度。课程中最有趣的文章往往来自那些完全沉浸在所讨论的社区中的学生，或者来自文化或个人背景完全不同的学生。这两个极端都意味着一种特殊的诠释学对话。

一个学生观察了一个名为r/AmItheAsshole 的社区（网址为https://www.reddit.com/r/AmItheAsshole/.），这个社区从道德上评估成员发布的故事。论坛中的不同板块有适当的结构，社区可以根据这些结构来决定某人的故事。社区中的每个用户都可以对每个帖子作出判断：TA（混蛋）或NTA（不是混蛋）。通过主题建模和关键词分析，学生调查了特定的冒犯性词汇和所给评价相关的话题，当然还要思考原因。另一名学生分析了新浪微博上的评论，利用TF-IDF（词频—逆文本频率指数）和concordance plot［（索引）词图］，找到了关于唐纳德·特朗普在中国用户中受欢迎的帖子，以及完全不同文化背景下的用户支持特朗普的原因。学生们会看一个社区的专业度、什么类型的帖子得到投票、什么类型的帖子会受到争议、什么类型的用户的影响力最大等等。

我认为，这种将解读实践放在首位和中心位置的研究能够帮助建立一种不同的“媒体素养”——一种不是关于个人责任的研究，而是关于理解我们如何经常在更大的意义创造结构中发现自己的研究。它还表明，我们不能关闭或拒绝解读——无论我们有时多么想这么做。哲学家马丁·海德格尔（Martin Heidegger）曾经说过，听到一个纯净的声音需要付出巨大的努力。你总能听到一些声音；你不能选择你是否理解它。在我们自己的语境中，这意味着没有所谓的原始数据——它总是“被加工过的”，当我们遇到它时，它总是以某种方式对我们产生意义[9]。

在结束的时候，我想把重点转移一下，聚焦到诠释学可以从数据科学中学到的知识，那就是启发法（heuristics）的重要性。也就是说，使用实际的方法，虽然不能保证是最佳的、完美的，但对于手头的任务来说已经足够了。这是关于“回避”和“尝试”的。从诠释学上来说，这是一种胡闹。我认为这可以为诠释学提供一种谦逊的感觉，诠释学的历史是以一种解释排他性为标志的，这在赫尔墨斯的神圣译本中很明显，但这也标志着此后的许多诠释学哲学。我想我那些批判的朋友在说我应该“说我自己的语言”的时候也注意到了这一点。

最后，我想引用两个人的话，他们对陌生与熟悉的辩证法的解释比我刚才讲得更好。第一句是德国社会学家威廉·狄尔泰（Wilhelm Dilthey）说的，他主张在解释上处于中间位置。“如果生命的表达是完全陌生的，那么对它的解释是不可能的。如果它们中没有奇特之处，那么这将是不必要的。”[10]也就是说，我们可以从根本上理解我们周围的世界，但这并不是说它是完全熟悉的。任何我们想要解释的事物都有一些奇异之处，我们必须意识到这一点。我们需要在我们自己的社会、文化或历史背景中，与那些我们认为理所当然、似乎固定不变的事物之间，达到一个批判的距离。

第二句比较恰当的表达来自苏轼的一首诗，通过隐喻告诉我们同样的事情：

横看成岭侧成峰，远近高低各不同。
不识庐山真面目，只缘身在此山中。

翻译、整理人：袁雨晴

参考文献

[1]ZIMMERMANN J. Hermeneutics：A very short introduction[M]. Oxford City：Oxford University Press，2015：29.

[2]THOMER A K，WICKETT K M. Relational data paradigms：What do we learn by taking the materiality of databases seriously?[J]. Big data & society，2020，7（1）.

[3]BIALIK K，MATSA K E.Key trends in social and digital news media[EB/OL].（2017-10-04）[2020-05-10].https：//www.pewresearch.org/fact-tank/2017/10/04/key-trends-in-social-and-digital-news-media/.

[4]MUNN L. Alt-right pipeline：Individual journeys to extremism online[J]. First Monday，2019，24（6）.

[5]DANKS D，LONDON A J. Algorithmic Bias in Autonomous Systems[C]// In Proceedings of the 26th International Joint Conference on Artificial Intelligence（IJCAI）. Menlo Park，CA：AAAI Press，2017：4691–4697.

[6]NAGLE A. Kill all normies：Online culture wars from 4chan and Tumblr to Trump and the alt-right[M]. Alresford：John Hunt Publishing，2017：19.

[7]VINER K.Long Read：How Technology Disrupted the Truth[N/OL].（2016-07-12）[2020-06-19]. https：//www.theguardian.com/media/2016/jul/12/how-technologydisrupted-the-truth.

[8]BOYD D. Did media literacy backfire?[J].Journal of applied youth studies，2017，1（4）：83-89.

[9]GITELMAN L. Raw data is an oxymoron[M]. Cambridge，MA：MIT Press，2013.

[10]DILTHEY W. Das Erlebnis und die Dichtung：Lessing，Goethe，Novalis，Hölderlin[M].Göttingen：Vandenhoeck & Ruprecht，2005：225.

第五讲　数字时代新闻研究的语境化

王　斌（中国人民大学新闻学院教授、博士生导师）

我今天分享的不是一个独立的研究，主要是提出我自己对目前国内新闻研究的一些观察和不成熟的看法，供大家参考。今天的会议还有两位分别来自英国和荷兰的学者，但是我这里讨论的现象或者说有关的问题主要是国内的情况，所以需要特别说明一下。

参加这场小型专题会议的各位老师在新闻学的研究里都很有建树、各有特长。我个人的一个感受是：在小部分的学者当中，大家觉得做新闻研究还是有很多潜力的，但是从国内新闻研究的整个领域来讲的话，相比起在媒介与传播研究范围之内其他的分支领域而言，新闻学目前并不是那么有吸引力。至少对于很多学生来讲，我在平时的交流中发现，他们好像觉得新闻研究是一个比较乏味的无趣的领域，同学们对新媒体的研究，或者娱乐与亚文化传播的研究，或者健康传播研究等更有兴趣一些，我也一直在想，为什么会是这样的？

一　语境抽离是国内新闻学发展中的一个“盲点”

首先，我觉得国内新闻研究的知识面貌可能给人的感觉不是那么生动有趣。我总结了两方面：一是新闻学院在学术抽象层面提供的智识供给不足。我们看现有新闻学中占据比重较大的，也可以称之为比较主流的新闻学研究，给自己设定了一整套包括概念、命题在内的学术话语，其中也包括我们今天讨论的中国特色新闻学。相对来讲，它跟整个人文社会科学中那些已经在不同维度上有所开掘和沉淀，甚至有很大进展的理论、概念、方法论以及认识论进行通约的程度是不够的。比如说别的学科也在讲本土化的问题，也在讲国际化的问题，但是我们的中国特色新闻学可能相对来讲还处于一个很粗浅的讨论阶段。当然，从更广阔的一个角度来讲，也可以说国内的新闻研究有自己的一套话语和历史。以上是国内新闻学处于窘境的一个方面。

现象的另一个方面就是新闻研究跟现在智能化、移动化、数字化环境下正在发生的新闻现象的深度嵌入和有机关联较少。特别是我们看到研究很多新兴媒体上的信息传播，当然也包括新闻传播，更多的是从其他的分支学科的视角进入的，而新闻研究其实对这方面的贡献相对比较小。如果我们完成一项年度综述，可以看到一年内，在传播研究的各个分支领域中，大家都有很多新的命题、新的概念提出来，对现有的现象会作很多的总结，包括社科院孙萍老师在前段时间讲的平台公司的外卖小哥，也就是算法对劳动的影响。传播研究经常处理的是把生活当中的传播现象归纳为一种学理问题，但是新闻领域在这方面的努力是比较少的（需要说明的是我们看到的大量对新的新闻现象的描述并不等于新闻学术研究），所以就造成了这个结果：人们觉得新闻学好像是一套相对静态，甚至僵化的知识体系。为什么会是这样的？为什么很多学生不愿意去听新闻的课，不愿意做新闻的研究，这似乎代表过时或者陈旧的知识？当然不是说所有的学生，但是普遍地会有这么一种感觉。我觉得这与新闻研究在国内发展的历史路径、学科化程度、知识形态以及发展演化的方式是有关系的。这里面很重要的一点是新闻学知识对语境的抽离。不管是出于什么原因，语境抽离成为新闻研究以及大众传播研究在国内发展路径的一种底色。

以新闻的研究为例，这里面既包括国内本土的一些知识，也包括从国外引入到中国的一些知识。国内关于新闻的研究，本来是规范研究和实证研究并列发展的，但是多年沉淀下来以后，我们可以看到在通行的新闻学知识体系中其实主要是党报理论，而且是党报理论中的规范性部分。国外的新闻学知识，特别是美国的新闻学知识引介到中国以后也是以规范性知识为主。而这些规范性知识背后的理论前提，以及当初提出规范性知识所依据的经验世界，还有当时的社会思潮以及学术思想，相对来讲很欠缺系统的分析。比如说规范性中重要的基础概念“新闻客观性”，还有“报刊的四种理论”，提出这些理念的时候都有一个经验世界的指向，不同代际的学者对这个命题也随着社会的发展作出了不同的解释，但是我们对这些东西的历史演变和动态认识有所不足。

所以我觉得语境的问题是我们一直以来在新闻研究的发展过程当中比较忽略的一个方面。换句话说，我们对新闻理论、新闻知识的认知，可能作为一个消费者的色彩远大于作为生产者或者作为批判者的色彩。现在有很多流行的事儿和不断涌现的词儿，刚才各位老师讲的行动者网络理论、实践范式的理论，还有最近提到很多的建设性新闻，一个研究团队专门收集和分析种种新的新闻问题，归纳为X-journalism。无论是学术概念还是研究策略、研究范式，我们感觉可以借鉴的东西特别多，或者说我们对它的新奇感比较强。但是放在一个学术发展的脉络当中来的时候，我们对它进行语境还原的工作做得太少了，这可能是新闻研究在国内发展的过程当中，在今天遇冷的一个历史性的基因，也就是在建构新闻学知识体系的过程中对于学术脉络、学术语境、学术内在逻辑的梳理不充分，集纳的更多是“显性知识”和“表层知识”，所以在面对新的现象时也难以做到“为有源头活水来”般的自如和深刻。那么放在数字化环境之下，我们依然要去思考这个问题：我们的新闻研究在今天如何来识别、挖掘和处理在数字新闻业当中的语境问题？新闻学不只是在学术史中需要考量语境问题，在当下依然有语境的问题，而且互联网语境可能比我们前面所说的这种历史性的语境更加丰富和直接。

二 互联网环境下新闻业的三重语境

我举三个例子来简略地说明互联网环境下的新闻语境。

第一是从新闻的文本层面来讲，我们今天看到的其实是一个嵌套的文本。经典的新闻研究的出发点好多时候是报道，而报道基于的是事实。所以从新闻事实到新闻报道就衍生出好多有关的研究。我们今天面对新闻事实的时候，往往不仅是孤立的或者纯客观性的事件本身。比如2020年上半年引发公众关注的鲍某某疑似性侵案，其中很重要的一点就是当我们接触到这个新闻事件的时候，同时看到的是各方面人士对这个事件的情感介入。所以你在朋友圈刷新闻看到这个链接的时候，链接的附近已经有很多的表情包、感叹号、评价的文本，我们看到的是一个包裹了很多其他类型信息的事实或者说报道。在今天的互联网环境中，研究对象本身已经发生迭代，而我们基于事实产生出来的很多逻辑推演与实证研究的前提也就会发生一些变化。人们在互联网环境中看到的不仅是一个客观存在的新闻事实，而且可能是一个被相当程度上建构了、影响了和介入了的事实。这时候，我们就要调整研究策略，这种语境本身就可能成为我们的研究对象。要考虑如何在网上找到并分析这个新闻的周边衍生文本，而且要分析不同主体对同样的客体产生差异性的认知。新闻事件在情境化或者语境化以后带来的嵌套式或者说连环式的传播反应，是我们需要关注的对象。

第二是从新闻的接受端来讲，新闻用户在数字化环境下由于社交媒体的多种分发模式的介入，接触新闻的随机性增强了。我指导学生写的一个文章就讲偶遇式新闻接触（instant news exposure）。很多国内外的调查发现人们更多通过互联网接触新闻信息，无意识接触新闻的比例很高。这跟传统意义上我们主动浏览信息，无论是看电视栏目，还是翻阅报纸，甚至是主动在百度和Google上搜索有比较大的区别。那么在这种随机化、无意识、偶遇式的新闻接触之下，我们原来通过主动接触新闻建立起对一个社会公共事件的认知，进而形成舆论以及引发社会参与的这个逻辑链条就可能产生了变化。在疫情这样一个特殊的环境之下，主流媒体有议题上的设定，比如说我们赞扬什么反对什么，各家媒体会考虑在报道的不同阶段突出什么样的报道重心，等等。同时自媒体也会有自己的传播节奏和优先议题。但是无论新闻生产的多元主体如何去运作，最后反映在新闻接收者一端的实际情形是，他在移动化和媒体融合的环境下接触新闻的时候有很多的情境性因素，当他把偶遇式的家庭聊天、朋友分享、个人起居娱乐等因素带入新闻接触时，媒体的framing（框架）与agenda setting（议程设置）的预期效应被极大地稀释和降解。这些偶遇式的情境因素使互联网用户对一个公共事件的全面认知产生了复杂的、中介性的影响。从这个意义上来讲，在数字化环境下，由于新闻分发的多样化，人和新闻之间的接触点和接触模式有了更多的随机可能。因此，传统意义上新闻研究建立起来的一整套关于接收、效果以及新闻的社会影响的知识，可能都要有所调适。因为这就像多米诺骨牌的第一环，媒介接触的方式、接触到的信息量以及接触到的信息模式都发生变化以后，很多结论要作相应的重新思考。

第三是从新闻职业规范的动态发展来讲，要看到互联网语境对传媒工作理念的塑造。在今天数字化技术发达的互联网环境下，人的行为可以追踪，有数字化的痕迹（digital trace）。在这个前提之下，有学者提出一种“互惠型新闻”的职业理念，或者叫“关系导向”。以前模糊的受众、模糊的用户、模糊的新闻反馈和媒体的社会评价可以通过互联网本身提供的大量的analytics（数据分析）和metrics（指标测量）得以捕捉和呈现。国内外的编辑部里都流行用一个大屏实时滚动显示整个编辑部生产的新闻在不同互联网终端接口的点击和停留情况。随着用户点开次数增多，不同的议题的传播情况差异立即显现，有的在持续上升，有一些在下降，还有的无人问津，这种来自受众和社会的反馈通过智能采集数据及时、快速地反馈到了编辑部。这时候编辑们本身对以往自己无论是有意矮化还是有意拔高的那些受众和社会评价其实有了一个更直接的掌控。在这种数字化场景之下，他可以即时调整自己做新闻的一些职业行为和职业理念。较之以往，受众与新闻生产处于直接的协商关系当中。数字化技术使这种协商或者彼此的影响能够发生，或者说可见性、可见度在提升。我个人觉得数字化环境之下，这种新闻生产和消费的语境其实比以往更强，至少是语境体现得更丰富、更可感可知。

我们要考虑的是如何调整我们的研究策略，怎么跟上数字新闻业的发展中对于情境的凸显。当然有很多的探索，比如场域、生态、物质性、平台化等视角，我比较关注的是实践取向（practice approach）的研究。有人现在提出新闻研究需要拓展，它不光是探究新闻从业者、新闻事实、新闻报道等是什么，而更多的是考察新闻从业者将其理念和认识付诸实践的过程。正是主观和客观协调过程的多样性，带来了数字时代新闻业实践的差异和丰富。从这个意义上来讲，我觉得实践取向的研究会有一个很好的发挥空间。新闻学的研究需要有所调整，新闻研究的重心包括基本的一些本体论层面的东西，还有本体存在的一些情境或者说语境。我们要分别研究它们，还要看本体和情境之间的关系，把多种关系厘清以后才能够感受到这个时代新闻业发生的一个更整体性的变化是什么样的。

三 新闻研究的语境化与本土化

最后讲一点就是说语境化之后又如何。沿着我刚才提到的语境化的思路，我们能够识别现在数字新闻当中的语境是什么，这些语境与之前的新闻业语境有哪些变化，如何去研究这些语境。语境化相对来讲是比较能讲明确的一条线索，但还有一个叫本土化，另外一个就是中国特色新闻学，这三者是什么关系？语境化和本土化经过努力可以单独说清楚，现在最不容易说清楚的是中国特色新闻学。我在中国人民大学教授本科和研究生的新闻理论课程，偏向于基础理论和基本知识，同时也会涉猎新闻研究的国内外学术动态，关于中国特色新闻学的东西也一直在关注，目前这方面是一个研讨热点，文章也在不断地推出，但是从个人的旨趣出发来观察，我觉得一系列基础性问题还是不太明朗的。在新闻学的中外历史发展中，如何定位中国特色新闻学？怎么做这个中国特色新闻学？它有可能在哪个维度上来做？其实2018年在杭州举办的新闻史学会的论坛上，我也提了几个思考，就是从学术体系和话语体系的角度要与已有的新闻学有所区隔和创新，在学术上要能立得住脚，要能持续开掘，而不能是简单地把我们的党报理论做个新媒体时代的2.0翻新，那样的话做得很浅，也没有太多吸引人的智识层面的东西，可能越做越窄，没有生命力。

我个人认为要真正开启中国特色新闻学的研究，还不是说开掘一些新的研究题目，提出一些新的概念，抑或是梳理中国的新闻政策和新闻制度，这些工作是必要的，但是作为一个领域提出来，要有它的严肃性和严整性，首要的是要系统地考虑一下它的本体论、认识论和方法论的问题，如果不把这几者的关系梳理出来，根基不稳，行之不远。比如说在美国的新闻学（与大众传播研究）以经验主义或者实用主义为一个前提，它主要采用实证研究范式，它的本体论、认识论、方法论和对应的研究议题是如何关联的，这个关系现在可以做到理得比较清楚了。如果我们要建设中国特色新闻学，这个类似的关系链条是什么，是接下来要去探讨的。对于互联网语境下的数字化的新闻业来讲，我觉得方法论甚至包括认识论层面也许比较难有出新的地方，因为现在对于数字新闻业研究的方法论，大数据分析也好，机器学习和仿真也好，很多方面其实跟计算传播学是相通的。我觉得有可能去突破或者说能够做一些东西的也许是在本体论的层面。也就是说，在中国，当我们谈论和认识新闻（News）或者新闻业（Journalism）的时候，我们到底在谈论些什么？

这方面我想举个例子，就是以前的新闻学一直在讲新闻定义，20世纪70年代末、80年代、90年代一直在争论，现在大家可能不感兴趣了，但是当时围绕着基本定义争了好久。新闻是事实，新闻是报道，新闻是舆论工具，新闻是信息，等等。我觉得对新闻的定义之争恰恰是一个很有意思的事情，它反映的并不仅仅是学者个人治学的一种路线，或者是学者个人将那个定义如何做得更科学的问题，而是在不同的历史语境下对新闻本体的一种认知。即使在同一时期，拥有不同社会经历、从业经验和不同认知方式的人对新闻看法也有差异，比如说大家都知道的“甘王之争”，其实应该看到时代语境、学术语境和实践语境互相的交织影响，不同语境之下对新闻本体的一种认知差异或者分歧。我们如果能够将中国历史上对新闻的定义，往前推到新中国成立前，推到民国，推到清末，考察中国人对新闻界定的演变，看看背后的语境有一个什么样的变化，也许能对这个问题梳理出一点特别的内容出来。中国特色新闻学面对的不光是历史的语境，更有现实的语境，我刚才说的世界范围内勃兴的X-journalism，今天我们在频繁地提融合新闻，前几年讲的是全媒体，习近平总书记还讲了“四全媒体”。再往前走，每个时期都有新说法和新概念，前些年的公民新闻、公共新闻，这些概念的背后其实都是对新闻本体的某一侧面的一个抽象和归纳，体现对社会语境的某种指向和解读。

再比如建设性新闻，这是一个去年开始“火”起来的词儿，但其实从学理上讲它没太多增量，它的内涵和实践不过是在一个更大的对（美国）新闻业社会角色进行调试的大脉络当中出现的一点小浪花。在中国提倡建设性新闻，提出者的初衷和目标是什么，这个品类的新闻理念有何特殊的功用，针对什么社会问题，追寻什么样的新闻职业理念，与民生新闻、公共新闻、参与式新闻有何区隔，它是新瓶装新酒还是新瓶装旧酒？对这些问题的思考就不能不考察语境，就不能不反观本体论。建设中国特色新闻学，首要任务还不是提新名词、新观点，而是正本清源，从底层逻辑上廓清中国语境中的新闻、新闻业、新闻与社会的基本关系。

我感觉现在这方面做的工作还是很有限的，但如果不做本体论意义上的梳理和探讨的话，中国特色新闻学就缺乏一个根基。我们对它的研究对象、研究议题和研究策略都可能陷于ABCDE学者们各说各的，无法把它形成一个有共识的、有成长性的领域。

这就是我对今天会议主题的一点思考，不是很成熟，谢谢大家。

整理人：袁雨晴

第六讲　数字媒体对中国新闻业的影响

王海燕（澳门大学社会科学学院传播系副教授）

随着广告收入的下降和读者的流失，传统媒体正面临着普遍的危机。作为传统媒体的重要经济来源，广告收入一直支撑着传统媒体的正常运营和发展。但随着数字技术的应用，广告商逐渐将投资转移至线上，使得传统媒体丧失了之前的广告收入，受众数量也随之剧减。西方学者常说，中国是互联网时代背景下媒体发展的一个十分特殊的案例，但在传统媒体的衰落这一层面，中国又并不那么特殊。

2012年是中国传媒业广告收入发展的重要转折点。在2012年之前，中国传媒行业的广告收入与很多西方国家（比如美国）媒体行业的广告收入呈现完全不

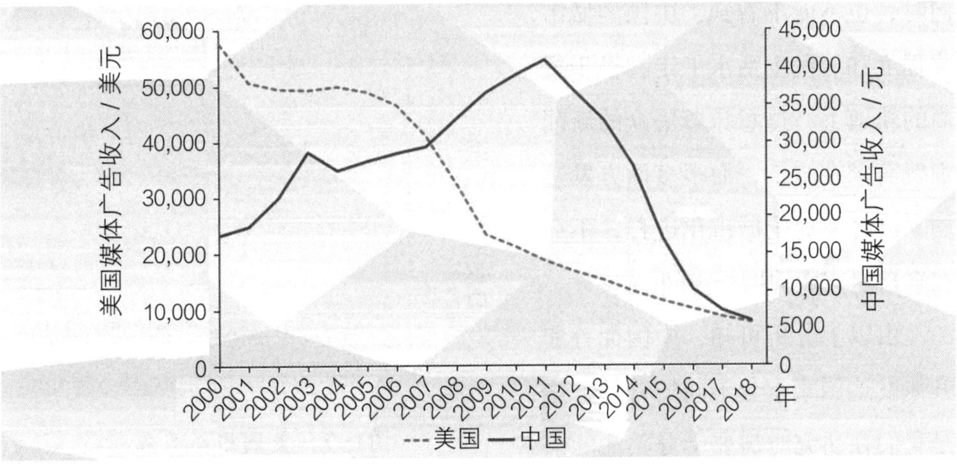

图1-5　中美媒体广告收入比较（2000—2018年）

同的发展趋势：前者呈现总体上升的趋势，而后者却在逐年下降。但在2012年之后，中国媒体行业的广告收入却在短短几年时间内急转直下，呈现出与美国媒体行业相同的下降趋势。对比中美两国的报纸发行量也显示同样的特征：美国报纸发行量从20世纪80年代起就开始下滑，持续至今；但直到2012年以前，中国报纸发行量一直都在总体上呈上升趋势，在2012年之后才开始逐渐下降。这是在广告和发行上呈现的中国媒体与美国媒体既相同又不同的地方。

另一方面，在这一过程中，中国媒体发展的背后有着强大的政府推力，“媒体融合”被作为国家政策来实施和作为政治目标来实现，这是很多西方国家媒体所没有的。此外，较其他国家而言，中国的传统媒体享有更高的社会公信力，人们对传统媒体的信任度更高——调查显示，超过80%的中国公众表示他们十分信任媒体，但在美国，公众对媒体的信任度低于30%。与此同时，也不能不看到，中国的城市化程度和居民生活水平走在稳步提高的轨道上，这意味着民众的新闻消费需求在增长，而很多西方发达国家已经完成了城市化进程，不存在来自这方面的增长空间。

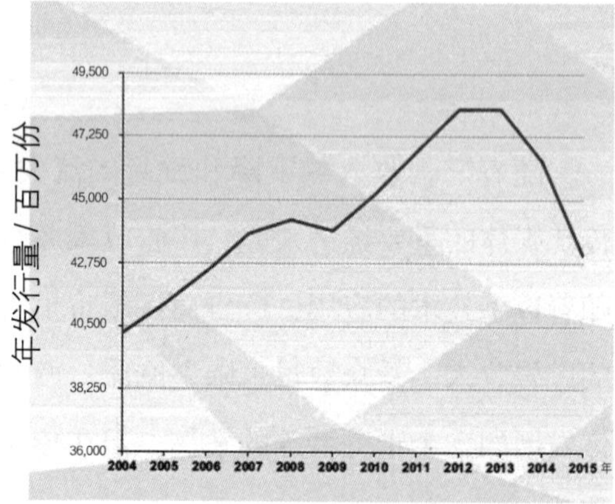

图1-6　中国报纸年发行量

（2004—2015年）

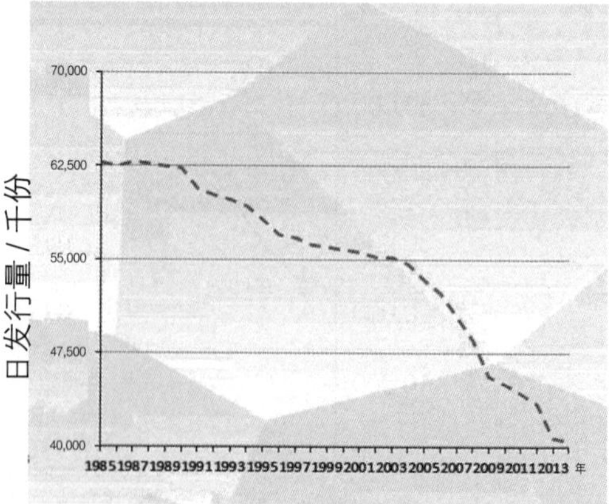

图1-7　美国报纸日发行量

（1985—2013年）

由以上分析可知，中国拥有和其他发达国家十分不同的背景，这是我们在研究时需要十分关注的前提。因此，在与大家分享的这项研究中，我们想要探讨的是：为了应对自2012年以来急遽变化和发展的市场环境，中国的传统媒体在新闻业务层面、商业层面和政治层面作出了怎样的回应？换言之，数字技术如何影响了中国新闻业的发展？我们一共提出了五个更为具体的问题：第一，收入下降对媒体的整体结构有什么影响？第二，为了应对新的环境形势，报纸内部作出了怎样的调整？第三，在新环境之下，新闻编辑室的工作常规和文化产生了什么样的变化？第四，面对新的数字技术环境，新闻工作者的职业目标和工作态度发生了什么转变？第五，转移到线上后，新闻内容发生了什么变化？

我们结合使用了量化和质化研究方法，从五个层次出发，对中国传统媒体的新闻生产展开了分析。首先，我们对新闻业所处的政治经济环境做了一个整体性的考察；然后，我们采用宏观社会学的视角，对报业集团和一些小型的纸质媒体进行分析；我们还从微观社会学的角度分析了当前新闻业的发展状况；同时，针对新闻工作者内部产生的变化，我们通过研究不同背景的记者在新闻业数字化转型背景下的经历，进行了一项代际差异研究；最后，我们还对新闻报道的变化进行了文本分析。在质化层面，为了回答记者在日常工作实践和工作文化方面的变化，我们进入新闻编辑室，主要采用深度访谈和参与式观察等方法展开研究；在量化层面，我们对新闻报道及其呈现特点进行了内容分析。

为了使研究结果具有代表性，我们选择以来自国内六个不同省（区、市）的传媒集团为研究对象。这六家省级传媒集团分别来自上海、广州、武汉、成都、宁夏和哈尔滨，分散在东部、南部、中部、西南、西北和东北等地区，代表了不同地域和不同的经济发展水平。考虑到中国新闻业所在的具体社会语境，我们在传媒集团内部分别对党报和市场报进行了研究；同时，我们还将媒体人员具体分为管理人员、经营人员和采编人员三类。2016年至2019年间，我们一共采访了超过200名来自这六个传媒集团的媒体人员。在内容分析层面，我们主要分析了2400条新闻，这些新闻分别来自报纸和在新闻客户端上发布的线上内容。

一 传媒集团的结构变化

我们发现，国内的报业集团都包含市场报和党报两类媒体，同时这些集团还有着相当长的经营副业的历史，不少报业集团在酒店、旅游、房地产上都有投资和经营。在数字技术进驻新闻业所导致的传统媒体危机到来之前，党报和市场报有着明确的分工，党报服务政治目标，主要负责推动党和政府政策的贯彻和实施；市场报则服务商业目标，负责为传媒集团的经营和运转提供经济支撑，同时，这种经济上的成功为批评性报道提供了发展的空间。在20世纪90年代至2012年，市场报在报纸发行量和广告收入上远远超过了党报。在我们采访一位来自国内中部省份的资深编辑时，他如此回忆过去商业化报纸盈利丰厚的“黄金时代”：“我1996年10月到都市报所在集团任职，该份报纸于1997年创刊。我第一年进去时，领导让我在几年之内实现赢利，但没想到一两年就赚到了钱，到1999年，都市报已经赚了几千万。那个时候党报的影响力很弱，办得都没人看；一提到都市报，简直是家喻户晓，因为那时大家饭后都会看都市报，都市报得到的社会评价也很高。广告量也成倍增长，盈利很快就增长到三个亿、四个亿、五个亿、六个亿，党报那个时候还只能赢利两三千万，双方差距之大，是现在难以想象的。”

在那时，市场报的利润可以达到党报的20倍之多。由于在经济上的高度自主性，报纸可以获得一定程度的新闻自主权，这也为记者生产调查性报道和批评性报道争取了一定的空间。这位编辑表示，作为报道内容的生产者，记者们是整个集团的“生命线”，当时的媒体人不仅非常团结、信心十足，也普遍感到“非常骄傲自己成为一名记者”。

但在传统媒体危机到来之后，媒体的广告收入和读者群体都出现断崖式下跌，而市场报面临的情况较党报而言则更加严峻。对此，媒体也采用不同的策略来回应危机。例如，媒体会更加强调报业集团在副业上的经营。一位报纸编辑在采访中表示，在传统媒体面临普遍危机的情况下，报业集团内部策划了一些全媒体的采访，他们在本省下面所属的各个地级以上市轮回做各种报道，每到一个地方就和当地的政府部门洽谈，如果当地政府与传媒集团进行广告合作，当地形象就可以通过地方传媒集团的党报、市场报、网络、客户端、VR（虚拟现实）、微信（公众号）等各个渠道进行全方位的展示，而这些地方政府通常也很欢迎这样的合作。

有些媒体还成立了小型贷款公司、房产代理平台等企业，以开拓新的收入来源。一位来自某东部传媒集团的编辑在访谈中提到，传媒集团搭建了一个购房宝的平台，帮开发商卖房子，帮用户做服务，老百姓通过购房宝的渠道来买房，传媒集团就从中获得佣金："我们不算是中介，不直接成交，只是推荐引流。三年了，每年成交一万多套房，每套一般佣金是一万元到两万元，减掉成本也有七八千元，在这一块有近亿元的收入。"

可想而知，在这样的环境中，党报远比市场报更有优势，这使得在同一集团内部，党报与市场报的关系发生了变化，市场报"硬气"不再，而党报如今既是政治上也是经营上的冠军。同时，数字技术的发展所导致的传统媒体危机，使得传媒集团不得不将经营重点转向非报类经济，比如会展、活动、策划等。这也直接引发记者地位的下降，挤压了调查性报道的存在空间。

二　内部组织结构的调整

在过去，编辑人员和经营人员之间有一条非常明确的界限，记者、编辑不会插手经营部门的业务，经营人员也不会干预记者和编辑的新闻生产。但在传统媒体面临危机的当下，我们可以看到部分传统媒体内部出现了一种混合型部门。如西部省份一家报社的新部门负责人所说："我们这个部门是去年年底刚刚组建的，是把原来的专刊部拆散了，重新组建的一个部门。现在我们共有14个人，分房产、餐饮旅游、金融、汽车几个板块。报社下达的任务是我们整个部门一年的广告额要达到1200万元，现在我们发愁的是怎么把这1000多万元的广告给做出来。"

在我们采访某报业集团的经营部门负责人时，他表示："现在我们希望记者不仅做新闻报道，也能够生产一些营销文案、广告文案，成为全面的内容提供者。比如跑政府新闻的记者，可以去搞清楚哪些政府部门有跟我们开展合作的可能，了解清楚有合作潜力的项目有哪些、资金有多少。"

对采编人员在工作任务上的这一新要求，意味着新闻产品的形态也相应地被重塑。与其他国家的媒体相比，中国媒体不论是在公众、政府还是企业层面都享有较高的信任度。但随着受众群体的流失，一些媒体开始运用自身的公信力来提供多元服务，比如向公众提供日常家居、教育、休闲、旅游和养老等服务。某传媒集团的一位商业运营总监在接受访谈时说："我们越来越体会到我们其实类似于一个公关公司，但是我们不是去做一个普通的公关公司，我们没有必要去抢别人（普通公关公司）的饭碗，我们肯定是要发挥自己擅长的东西，要去提供一些对客户真正有用的服务。当然（具体怎么做）还在探索阶段，但这是眼下我们很重要的一个求生存的策略，最近的经济形势不太好，报社这么多人，只有靠这个办法，先活下来再说。"

而这一调整直接影响新闻的生产环境。在研究过程中，我们发现，一些传统媒体的记者的职业状况在多元服务目标的指导之下变得越来越艰难。有管理层人员表示："记者必须要有做这个事情的积极性，他们一般不会抗拒，抗拒也没办法，因为现在行业不景气。"

三 新闻工作者的代际变化

如果大家能亲身走进新闻编辑室，一定能发现现在的新闻工作者队伍的年龄差异非常大。一方面，你可以看到一些非常年轻的记者，他们的从业年数往往不足五年；另一方面，你又可以看到一些非常资深且年长的编辑记者，他们在媒体工作的年数长达二十年甚至更久。年龄处于中间段的记者在变少，这也是为什么当前有很多传媒集团的管理人员说他们缺乏"中坚力量"，即那些经验丰富、行动力强且能够解决困难问题的人才。

很多年富力强的新闻工作者渐渐从这个行业中流失。他们以往在媒体的工作，典型的是从事深度类和调查类报道，扮演社会监督者的角色。但现在，这样的群体要么已经离开了新闻业，要么已经在传媒集团内部步步高升，不再从事一线报道。而那些仍然坚守在新闻报道一线的资深编辑记者，对新闻业的信心也急剧下降。与此同时，新一辈的年轻记者相继进入报社，与年长一些的记者相比，他们普遍受过更好的教育，很多人拥有硕士或以上学位；作为数字原住民，他们对数字技术的掌握程度也更高。但与年长记者相比，他们面临着非常不同的社会环境：传统媒体已经从“朝阳产业”转变为“夕阳产业”，陷入了严重的危机，这直接导致他们的工资和生活水平要比前辈记者低得多，这使得年轻记者的人员流动率非常高。有一位年轻记者在接受访谈时说：“说实话，我当记者不是觉得社会需要我，这只是我的个人选择，很难说我有记者的职业荣誉感，只是我觉得有趣就做下去。我也不会特别执着于去揭黑，我没有这种很强烈的记者的社会责任感。只要还觉得这个工作有意思，就继续做吧。”

在新闻编辑室内部，老一辈和年轻一辈新闻工作者由于观念的不同产生了一定冲突。两个群体之间对“什么是成功的记者”有着完全不同的定义，老一辈对记者的职责抱有理想化的信念，在访谈中，他们多次提到了“履行社会责任”“维护社会正义”“报国报民报天下”等类似的表述；而在年轻一辈记者里，他们更多关注受众对娱乐、消费和服务的需求。相对来说，年轻一辈记者更加务实。两个群体的工作态度也有不同，一位来自北方某传媒集团的记者说，虽然她每月只挣两三千元，但她并不在乎，仍然坚持这份工作，因为她觉得这份工作挺“有用”：“也谈不上什么理想，但做一个记者让我知道了各方面的一些人和事，假如说我家里出了什么事情，我就知道我应该去联系哪个部门、找谁管这个事。这个工作工资不怎么样，但能让自己全方位地接触社会，增强解决问题的能力。对于我的家人和身边的朋友，这就是我的价值。既能解决自己的问题，也能解决别人的问题，所以这份工作还蛮有用的。”

四 数字技术对新闻常规的影响

新闻常规是新闻工作者赖以高效完成工作的一套标准化、模式化的工作流程和惯例，包括新闻周期和截稿时间的设置、新闻“类型化”、条线系统的组织等。在数字技术的环境下，新闻信息的流通速度大大加快，很多传统的新闻常规已经不再适合当下的节奏。常规实际上与时间密切相关，要理解数字技术如何影响新闻编辑室工作常规，研究新闻工作的“时间性”变化是关键。通过深度访谈，我们发现数字化环境下的新闻编辑室与传统新闻编辑室相比有四个关键的时间性变化：

第一是“新闻提速”，这意味着在每一个单位时间内分配给每位记者的任务数量大幅度增加。传统新闻的制作是以日为周期的，一份传统日报的编辑部可能一天只需要完成一次印刷出版任务。但在数字时代，一个经整合而成的新闻编辑室通常需要同时运营多个平台，出版任务就相应增多了数十次，因此，这些新型新闻编辑室可能每天都要完成数十次的新闻发布任务。同样的，过去的传统媒体记者可能只需要在一个小时内完成采访任务，但在“争分夺秒”的数字时代，多媒体新闻编辑室的记者可能需要在1小时内同时完成采访、初稿的写作甚至是网络发布。数字化技术的发展，使得分配给每个新闻报道任务的时间极大地缩短。

第二是“打提前量”，为了满足数字化时代对“抢时效”的要求，从事件发生到新闻发布的时间被无限压缩，记者必须为一些重要事件做实质性的事前准备。在我们访谈一位记者时，他提到了这样一个亲身经历的新闻报道历程：“有一家医院第二天要开新闻发布会，由于通知了当地所有媒体，我们不可能做独家报道。那我们的报道怎么才能脱颖而出呢？等到新闻发布会再发新闻已经太晚了，我们必须提前采访。经过努力，我们的记者终于找到了新闻当事人，在新闻发布会的前一天晚上进行了5小时的深度采访，并通宵写出了将近两万字的手稿。在医院新闻发布会当天，我们不仅有来自发布会现场的新闻报道，还有四页的深度报道，发布之后大获成功。在过去，深度报道只会在第二天出现。然而，在新媒体时代，我们必须通过‘打提前量’的方式来占据上风。如果我们等到第二天，新闻就会由别人来做。”

第三是“工作时间的延长”，正常的工作时间已经不再存在，取而代之的是“主时段”和“副时段”这样的时间安排制度。一位编辑说，他的规定工作时间是从上午9点到下午6点，从表面上看，这一时间没有超过正常范围。但在新媒体部门，大家都熟悉“主时段”和“副时段”的概念，也就是说，上午9点到下午6点是这位编辑工作的“主时段”，在此之外，还有额外的“副时段”，包括主时段前的4小时和主时段后的6小时。与“主时段”不同的是，在“副时段”，记者编辑可以在做私人事情的时候灵活处理工作，而不必硬性待在办公室。这位编辑说，他只有在凌晨1点到5点的时间段内才能完全放下手头的工作，因为这段时间大部分用户都不阅读新闻，编辑部通常也不要求记者在这段时间更新新闻。

第四是“时间协调的冲突”，一方面，这表现在工作时间与个人生活时间之间的冲突上，有一位记者表示，自己每时每刻都被工作包围，即使在休假，或者去电影院看电影，一旦有工作电话打来，他就必须及时回复这些信息，他甚至表示，“这份工作就像无期徒刑”，因为记者和编辑的工作要求他们必须一年365天、每天24小时待命；另一方面，这也体现在不同编辑记者由于时间观念的不同而造成的冲突上，特别是对年轻一辈和老一辈记者而言，协调好工作时间变得越来越困难。

这些时间性的变化催生了新的新闻编辑室工作常规，比如，编辑部A／B角色的出现，即同一份工作安排给两个人做，互为对方的A／B角，确保覆盖所有的时间段；编前会次数的增加和重心的调整；“24小时新闻编辑室”的出现；等等。这些变化的结果是记者、编辑们越来越感到焦虑和疲惫，同时导致了一些内部冲突，并且使新闻业必须重新定位新闻的目标、确立新闻的意义。

五 数字技术对新闻内容的影响

在最后，我们把研究的关注点从记者“在做什么”转移到他们“做了什么”，即从他们的日常工作实践转移到他们生产的新闻报道。为了了解数字技术在多大程度上、以何种方式改变了新闻业内容，我们对国内10份报纸的纸质版报道和其各自新闻客户端上的报道进行了定量分析。

我们一共提出了三组假设。第一组假设涉及纸质版内容和新闻客户端内容在标题、导语和正文组织上的异同；第二组假设主要涉及纸质版报道和新闻客户端内容在新闻来源、写作风格、内容取向上的关联；第三组假设想要探讨的问题是，新闻客户端在多大程度上利用了多媒体、交互式功能等数字技术可供性。

不同于很多人强调的传统媒体的数字转型深刻地改变了新闻内容的呈现这一观点，我们分析的结果表明，纸质版报道和新闻客户端内容之间的共性远远大于二者之间的差异。虽然网络新闻使用了更多的视觉化和情绪化的表达方式，但在新闻来源、内容深度和报道方向等内容层面上，二者都没有呈现出明显的差异。同时，我们也发现，传统媒体在新闻客户端平台上也很少使用多媒体、交互式功能等数字平台特有的技术功能。

六 结语

通过以上一系列研究，总体上我们发现，数字技术对中国新闻业的影响与西方媒体有很多相似的地方，比如二者都面临断崖式的收入下跌，并采取多种方式来节约成本、提高效率。但是，他们也有一些非常重要的区别。虽然数字技术对中国新闻业的影响从2012年才开始，但其在中国新闻业导致的危机在某种程度上甚至比西方媒体面临的危机更加严重，而且值得注意的是，数字技术对国内新闻业的影响是通过小屏媒体（手机）而非大屏媒体（电脑）产生的。同时，我们认为，数字技术对国内传统媒体产生的结构性和组织性影响，不单单是一种数字技术引入新闻业之后产生的后果，还取决于一系列复杂因素的相互作用。至少就国内的传统媒体而言，近十年来的变化仍然遵循着政治、经济、技术等多重因素的互动逻辑。

最后我想说的是，我们只研究了数字技术对传统媒体的影响，未来的研究可以扩展到新兴的新媒体上，扩展对新闻业、新闻、记者和受众的定义，将不同的行动者和工作实践包含在内；或者开展一些跨文化的比较研究，对技术影响进行进一步的理论提炼，或许能够发现更多的新观点。

整理人：李雨浛

第七讲　重建客观：科学知识社会学（SSK）对新闻生产的启示

徐　笛（复旦大学新闻学院副教授、硕士生导师）

一　研究缘起

40年前，美国传播学者Weaver和McCombs提出新闻业正站在一个岔路口，新闻业应更加拥抱社会科学[1]。40年过去了，信息传播技术日新月异，新闻业曾拥抱了文学、社会科学，如今积极引入计算科学，但似乎一直面对着岔路口，危机话语也从未中断。数字新闻实践赋予了新闻更多意涵，由陆定一提出的经典的新闻定义——新近发生的事实的报道，似已无法涵盖当下丰富的新闻实践。比如英国《卫报》推出的“6×9”报道[2]，透过VR技术邀请读者体验美国单独禁闭牢房。“6×9”指此类牢房的面积。报道中未涉及任何具体发生的事件，类似报道拓宽了我们对传统新闻的界定。类似地，新闻价值的判断标准也在发生变化。比如被新闻业奉为圭臬的“时效性”正在被重新界定，电子媒介带来了加速的新闻[3]，一些事件一边发生一边成为社交媒体上正在展演的新闻。另有一些新闻报道则不具有明显的时间性特征，比如美国在线新闻网站ProPublica推出的“Dollars for Docs”报道[4]，这其实是一个可以查询医生与药企之间金钱往来的数据库，这个项目不定期更新，它的文本不包含明显的时间信息。这些创新型的数字新闻实践也在一定程度上呼唤新闻学理论的更新，以对新闻实践更具阐释能力。

在新的信息传播技术不断涌现的历史节点，行动者网络理论（ANT）等科学知识社会学（the Sociology of Scientific Knowledge，SSK）理论，因对技术物的创新性理解，日益受到新闻学研究的青睐。本文首先简要回顾行动者网络理论在新闻研究中的应用情况；随后按图索骥，重新回到历史情境中，探究行动者网络理论及相关的SSK研究成果；最后借用行动者网络理论的提出者拉图尔所使用的“重组（reassembling）”这一概念，汲取SSK丰富的研究成果，尝试提出重组新闻的可能性。

二 作为理论来源的行动者网络

行动者网络理论概念的提出可追溯至20世纪70年代，拉图尔、卡隆、劳等学者深入科学实验室揭示科学事实的确立过程。在他们看来，科学事实是科学家、资助者、研究团队、实验、论文和竞争等所组成的复杂网络的输出结果。

这个复杂网络便是行动者网络，它提供了一种看待社会的新视角，无论社会关系抑或社会组织，任何事物都被视为网络效应的产物[5]。行动者网络理论认为并不存在一个稳定的实体性社会，有的只是行动者之间不断发生变化和消亡的联结（或网络）。行动者网络理论内包含了异质的实体——不同的行动者（actants）[6]。网络中的任何要素，无论自然或社会，无论人还是非人要素，都可能发挥作用，只要是任何通过制造差别而改变事物状态的要素都可成为行动者[7]。物的行动者和人的行动者具有同等重要的地位。行动者之间不断地通过转译联结成网络。转译是网络联结的基本方式，它会改变、转移、扭曲或修改其他行动者的意愿或意义[8]。在行动者网络内存在着强制通过点（obligatory passage point），其他行动者必须经过这个点才能与网络中其他部分发生关联[9]。如果行动者网络随时间流逝而保持不变，那么这个网络可能会表现为一个自然实体，并使得网络结构不可见，从而黑箱（black box）化[10]。这也意味着一种结构／机制得以稳定和自然化，从而不被察觉。

行动者网络理论是一套较具解释活力的理论，不同领域的研究者都能从中汲取养分。它可以用来研究复杂的动态系统，比如关注技术在社会系统中的变动。

行动者网络理论也日益受到新闻学研究者的青睐。

近年来以行动者网络理论及相关理论作为理论框架的新闻学研究成果层出不穷，这里仅简要介绍几例代表性研究。比如，Weiss和Domingo研究了在线新闻室的创新过程，他们比较了行动者网络理论与实践社群理论在同一问题上的解释效力，结论认为行动者网络理论能更敏锐地发现创新过程中的冲突与矛盾[11]。Boczkowski与Lievrouw开宗明义地提出嫁接STS与传播研究，并提出了三条整合路径。首先，从因果关系切入，拆解技术与社会的关系。传播研究倾向于将技术作为社会变迁的因素，STS则直接研究技术，但它不关心技术的社会影响，而是关注技术的生成过程。整合两者，技术作为社会物质形构，与社会相互形构，这种相互作用是共时发生的。其次，从过程的维度结合生产与消费两个阶段。传播研究既关心生产也关心消费过程，而STS更侧重于生产环节。通过研究技术驯化以及对新技术的抵抗可同时关照生产与消费两个环节。最后，从影响的角度，嫁接两个研究领域则应同时关照技术可能带来的断裂，抑或是延续[12]。

国内学者戴宇辰使用了带有诗意的标题《“旧相识”和“新重逢”》来说明媒介研究中对技术的关注实际与SSK的视角不谋而合[13]。黄淼与黄佩则通过对自媒体内容生产的经验研究，在行动者网络理论的理论框架内提出，自媒体内容生产者在平台运营实践中形成了“职责共识网络”，在自媒体创作群体中形成了“规律共识网络”，二者共同构成自媒体内容生产网络。算法规则在两个局部网络中都是“强制通过点”，由此成为整个网络的权力中心[14]。

行动者网络理论之所以能在新闻学研究中流行开来，其主要原因就在于行动者网络理论对物质性客体的发现。物可以在行动中制造出差别，而任何通过制造差别改变事物状态的东西都可以被称作行动者，这样行动者不仅指称人类，还包括观念、技术等一切非人类客体。当下信息传播技术已延伸至新闻生产的各个角落，研究者也需要去探索技术的角色，而行动者网络理论刚好提供了一个框架，使得技术的能动性被看见，并被置于与人类行动者同等分量的位置上。

目前新闻学研究中对行动者网络理论的使用多聚焦行动者概念，引入行动者来凸显非人类行动主体的能动性。实际上，“行动者网络”概念的提出积淀于科学知识社会学的研究成果，重新回到这一概念提出的语境中，我们或会发现嫁接科学知识社会学与新闻生产研究的更多可能。

三 重返语境：从《实验室生活》说起

拉图尔的第一部重要著作是其与伍尔加合著的《实验室生活：科学事实的建构过程》[15]一书。在受到哲学与释经学的教育后，拉图尔实践了人类学的田野训练，随后加入美国加州一家研究所[16]。其间他以人类学研究者的身份进入吉列明教授的实验室，研究科学知识的生产过程，以促进他对“认知能力”问题的思考[17]。

在开始实验室观察之前，拉图尔已意识到科学的神话地位，科研资助逐年增加，科学知识总体增长，但却无助于提升民众对科学的了解。自启蒙时代以降，科学取代神学，成为人类认知外部世界的尺度。客观被提炼为科学知识的生产标准，科学知识被视作对外部世界的真实描摹，从而占据了认识论上的权威地位。现代工业化社会对科学技术的依赖更加巩固了科学知识的权威。

然而自20世纪60年代起，建构主义逐步取代了理性主义在元科学研究中的主导地位，对科学理性、客观话语等文化权威的怀疑也接踵而至。其中最为强势的怀疑来自爱丁堡学派提出的“强纲领（strong programme）”主张。首先，这一纲领主张“全部知识，无论经验科学知识，甚至数学知识，都应该彻底被当作知识社会学的研究材料”[18]；其次，之所以被称作“强纲领”，还在于它不仅强调社会因素对科学知识的建构，还进一步强调社会因素是首位的。在强纲领的指引下，爱丁堡学派的研究者进行了大量的基于“利益”模式的研究，其经验研究旨在表明，宏观利益能够转换成对影响个人或群体行动的动因的微观社会学说明，并且这种说明可以解释科学知识的增长。在这种因果说明模式中，利益充当联系科学活动之认识和社会方面的中介，特定的科学事件或科学行动因卷入方的利益而受到影响[19]。

有别于强纲领，拉图尔进入实验室的意义在于通过深入科学活动的现场打开科学的黑箱。“社会进步已使本来意义上的‘原始部落’大为减少，与此同时却又制造了现代文明的新部落，科学家所栖息的实验室正如土著人居住的深山丛林，通常起到了保护其生活方式不为外人‘窥视’的作用。”[20]对实验室进行的人类学考察使原本豁免于知识社会学拷问的科学知识被置于聚光灯下，科学知识生产过程被推向前台。

在《实验室生活》一书中，“实验室部落”被揭示为“文字铭写（literary inscription）”系统[21]。这个系统从外部输入实验设备、试剂、信息等，经过实验器材和人员的组合操作，最终输出论文。实验室就是由不同性质的要素构成的铭写装置（inscription devices），这些要素包括实验数据、仪器、技术人员等。实验室内的科学家并不是探究事物本身，而是审核由技术人员和仪器共同生产的文字铭写标记[22]。这些标记一方面作为实验仪器输出的数据结果，同时也被作为证据支持特定的科学发现。由此，实验室的物质安排就显得十分重要，因为没有铭写装置，就无法主张一种科学发现。那些被实验室成员描述为客观存在的东西实际上是由铭写装置建构而成的，是一种技术现象（phenomenotechnique）[23]。拉图尔已关注到技术物的能动作用，如实验室仪器、实验数据等与实验室人工成员共同参与建构科学知识。这些早期研究为行动者网络理论的提出奠定了基础。

无论是“强纲领”指引下的研究还是拉图尔等进行的实验室研究，都意在阐释科学知识的建构过程，二者归属于科学知识社会学的研究范畴，SSK的核心研究议题实际指向科学的客观性问题。简而言之，科学客观性是指科学论断、方法和结论不受特定视角、价值判断、群体偏见以及个人利益等的影响[24]。延续了在科学知识生产过程中对技术物客体的关注，SSK的研究者又进一步揭示了科学如何宣称客观，并提出了两个重要的概念——可重复性与机械客观，下文依次介绍。

四　可重复性与机械客观

SSK研究者柯林斯提出，可重复性是客观的科学知识的划定标准。与爱丁堡学派的“强纲领”逻辑相通，柯林斯持有相对主义的认识论立场。他认为，在科学知识的建构中，自然世界只起到很小的作用，甚至不起作用。而要了解建构的过程，则需要深入到现实的科学论争中，通过参与式观察了解论争结束的机制，勾勒科学知识的建构过程[25]。

柯林斯提出了三个阶段的研究方法论。第一阶段，呈现科学工作的开放性，或者说明科学证据的解释柔性（the interpretative flexibility）。此阶段对科学知识的社会学研究旨在发现科学可以有多种解释，而实验资料和重复实验不能起到确定检验标准的作用。第二阶段，揭示科学家如何关闭解释柔性，即阐释科学论争的结束方式。此时SSK的研究者可关注社会要素如何限定了解释的柔性，并结束论争，达成科学共识。第三阶段则是将论争结束机制同更广阔的社会结构相联系，探究论争结束的社会机制[26]。

基于对案例的观察，柯林斯提出可重复性（replicability）在结束科学论争中发挥了效用。科学家的成果想要被接受需要获得科学共同体的认可。而科学家在将个人知识转化为可被共同体认可的知识时，常需要诉诸结论的可重复性来捍卫其发现的有效性[27]。这是因为可重复性排除了特定视角、个体认知等的干扰，将认识稳定化。可重复性成为客观知识的划定标准，由此科学家在宣称一项发现时，须罗列实验程序、实验数据和使用仪器等信息以备科学共同体进行可重复性检验。

由此，数据和仪器等测量工具与测量结果就与科学知识的客观性主张建立起密不可分的关系。

在论述人类集体表述的社会起源时，迪尔凯姆曾宣称，人类社会规模的扩大和内部结构的分化，使得人类的智力活动逐步摆脱了与人的直接情感关联，同时也减少了社会世界对智力活动的约束，于是客观性就开始形成了，而科学知识正是这种解放的结果[28]。由此客观性的达成正是在于切割与人的情感关联。

对技术工具的关注在“机械客观性”理念中得到进一步发展。在研究科学知识何以宣称客观时，达斯通（Daston）和加里森（Galison）提出“机械客观性”的概念，科学知识生产过程中不断强化测量仪器的重要性，将人对科学成果贡献的重要性降至最低，用不依人而变化的机械再现程序代替个体意志和自由裁量权，从而使科学得以大规模发展，而个人之间的信任纽带已不再存在[29]。因此，对机械程序的信任取代了对个体科学家的信任[30]。

波特在《信任数字》[31]一书中再次推进了机械客观性概念。他分析了19世纪中叶英国精算师以及法国国家工程师和美国陆军工程兵团的工作案例。他提出测量工具和量化程序来源于商业和行政管理需求，并影响自然科学和社会科学的实践方式。气压计等工具如雨后春笋般涌现，在很大程度上是社会压力和民主社会运行管理的要求。要管理较大面积的疆域并控制多样化的人群，且无法依赖对个人的信任，因此不依赖于个人信任的“客观程序”就取代了依赖个人的“主观判断”。其次，依赖量化数据或量化过程来实施行政管理，其实是缺乏信任的表现。因为行政管理人员缺少社会地位、政治支持等来捍卫其判断，他们就会寻求将决策置于公开审视之下，这意味着进行决策的基础必须能被公开，且可以公开访问。这种非人格化的行政策略可以被理解为是对人所持有的倾向的防御。由此客观性意味着，知识的生产并不依赖于生产它的特定个人[32]。

五 “重组”新闻的可能性

本文首先从行动者网络理论谈起，该理论有效地将技术人工物纳入了研究视野，提升到了与人类行动者同等重要的地位。但我们不应仅仅聚焦于行动者网络理论，科学知识社会学打开了科学生产的“黑箱”，其对科学生产过程的结构以及对科学客观性的追问都有助于我们思考新闻学的一些根本性问题。新闻学理论以一种规范性理论的态势决定新闻业应该成为什么样子，但应然却没有成为实然。信息传播技术的冲击使现有的新闻学理论难以解释实践中出现的新问题。在此，我们借用拉图尔所使用的“重组（reassembling）”一词，将SSK的研究成果应用于分析当下数字新闻实践，并探索性地提出“重组”新闻的两个面向。

首先，新闻生产应该从以人为主体转向多元主体共存的行动者网络。

新闻学理论将新闻生产视作由人来完成的过程，技术仅作为新闻生产的工具，是辅助性的角色。然而实践中，我们已经看到一些完全不依赖人类主体的生产行为，比如由算法自动生成的新闻。早在2015年，美国的Narrative Science公司就推出了智能写作机器人，其背后基于一套算法程序，自动抓取数据套入写作模版，形成新闻文本。在实践过程中，算法技术作为主体完成了新闻生产。算法不是工具或辅助角色，而是一个积极的行动者，它作为非人类行动者参与到新闻生产过程中。与之类似，对美国芝加哥地区数据新闻从业者的访谈研究也发现[33]，从业者认为数据即新闻，为读者提供数据获取的途径即完成了新闻生产。这一主张也挑战了人作为新闻生产主体的陈旧观念。数据既是新闻来源也是新闻生产的内容，更是新闻消费的符号，也可以是行动者。

由此我们提出将新闻生产作为一个行动者网络，这个网络内存在着多元主体，算法、人工智能等技术物，读者、机构媒体从业者、自媒体人等人类行动者都是新闻的共同生产者。当下在中国内地社会情境下，新闻生产行动者网络的结构相对开放，尚未形成稳定化的机制，网络内的强制通过点经常变换，机构媒体从业者、自媒体从业者以及数据、算法等技术物都有可能成为强制通过点。

其次，技术物作为行动者，重塑了新闻客观性的意涵。新闻客观性本就根植于科学理性观念，它与客观性在科学领域的境遇相近，新闻客观性从诞生之日起也一直被社会建构论拷问。将技术物视作新闻生产行动者网络中的行动者，新闻客观性则日益表征为“机械客观”。在一些创新型新闻实践中，人作为行动者，其能动性被降到了最低。

在一些人机合作新闻实践中，人类行动者开始让位于技术物行动者。美国《大西洋月刊》的记者麦吉尔开发了一项工具@TrumpOrNot，让它分辨美国总统特朗普的推特账号下哪些是本人所发，哪些是手下人代劳。这个工具利用机器学习和自然语言处理技术，把特朗普新发的推特文字与数据库中的资料档案作对比，然后给出判断。麦吉尔总结实验结果时称，机器分辨出的信息，大部分不是文字，而是特别的拼写和标点符号。比如特朗普发的推特更频繁出现自己的推特名“@realDonaldTrump”，他也更喜欢用“媒体”这个词，但不爱用“#”，而手下代发的推特讯息里井字符号更多[34]。记者评价认为，“人算不如机算”，如此宣称并不仅仅是一种便利性考量，机算代劳，为人算节省了时间、精力。这种代劳更是因为机算避免了人算可能引发的利益冲突和偏见，“人算不如机算”更是因为对机械程序的信任超越了对人类行动者的信任。此外，依赖器械，比如程序去测量，也使得测量结果更具可重复性，而可重复性恰恰是由科学知识社会学研究中所指示的，是宣称客观性的重要砝码。类似的，在数据新闻的实践中也露出同样的端倪，数据新闻生产者日益采用开放的生产方式公开原始数据，并公布原始数据的处理方法，这使重复新闻生产过程成为可能，可重复性也更便利于宣称客观性。

本文汲取科学知识社会学的一些理论发现，粗浅地提出了“重组”新闻的可能性。研究者认为，借鉴SSK的理论，不应仅停留在凸显技术物的能动性，还可进一步思考在实践中受到挑战的规范性理论中的议题。下一步的研究可以进一步思考，在新闻生产的行动者网络中，客观性是否应被作为规范性理论，达成客观又何以可能。

参考文献

[1]WEAVER D H，MCCOMBS M E. Journalism and social science：A newrelationship?[J]. Public opinion quarterly，1980，44（4）：477.

[2]The Guardian. Welcome to your cell：6*9，a virtual experience of solitary confinement[EB/OL]. [2016-04-27]. https//www.theguardian.com/world/ng?interactive/2016/apr/27/6x9-a-virtual-experience-of-solitary-confinement.

[3]王海燕. 加速的新闻：数字化环境下新闻工作的时间性变化及影响[J]. 新

闻与传播研究，2019，26（10）：36-54+127.

[4]ProPublica. Dollars for Docs[EB/OL]. [2019-10-17]. https：//projects.propublica.org/docdollars/.

[5]LAW J. Notes on the theory of the actor-network：Ordering，strategy，and heterogeneity[J]. Systems practice，1992，5（4）：381.

[6]LATOUR B. On actor-network theory. A few clarifications，plus more than a few complications[J]. Philosophical literary journal logos，2017，27（1）：173-197.

[7]徐笛. 算法实践中的多义与转义：以新闻推荐算法为例[J]. 新闻大学，2019（12）：39-49+120.

[8]吴莹，卢雨霞，陈家建，等. 跟随行动者重组社会：读拉图尔的《重组社会：行动者网络理论》[J]. 社会学研究，2008（2）：15.

[9]CALLON M. Society in the making：the study of technology as a tool for sociological analysis[M]//BIJKER W E，HUGUES T P，PINCH T K. The social construction of technological systems. Cambridge，MA：MIT Press，1987：83-103.

[10]LATOUR B. Reassembling the social：An introduction to actor-network-theory[M]. Oxford City：Oxford University Press，2007.

[11]WEISS A S，DOMINGO D. Innovation processes in online newsrooms as actor-networks and communities of practice[J]. New media & society，2010，12（7）：1156-1171.

[12]BOCZKOWSKI P，LIEVROUW L A. Bridging STS and Communication Studies：Scholarship on Media and Information Technologies[M]//HACKETT E J，AMSTERDAMSKA O，LUNCH M，et al. The Handbook of Science and Technology Studies. 3rd edn. Cambridge，MA：MIT Press，2009：949-977.

[13]戴宇辰. “旧相识”和“新重逢”：行动者网络理论与媒介（化）研究的未来：一个理论史视角[J]. 国际新闻界，2019，41（4）：68-88.

[14]黄淼，黄佩. 算法驯化：个性化推荐平台的自媒体内容生产网络及其运作[J]. 新闻大学，2020（1）：15-28+125.

[15]拉图尔，伍尔加. 实验室生活：科学事实的建构过程[M]. 张伯霖，刁小英，译. 北京：东方出版社，2004.

[16]吴莹，卢雨霞，陈家建，等. 跟随行动者重组社会：读拉图尔的《重组社会：行动者网络理论》[J]. 社会学研究，2008（2）：8.

[17]赵万里. 建构论与科学知识的社会建构[D]. 天津：南开大学，2000：81.

[18]BLOOR D. Knowledge and social imagery[M]. Chicago，IL：The University of Chicago Press，1991：3.

[19]赵万里. 建构论与科学知识的社会建构[D]. 天津：南开大学，2000：57.

[20]赵万里. 建构论与科学知识的社会建构[D]. 天津：南开大学，2000：81.

[21]LATOUR B，WOOLGAR S. Laboratory life：The Construction of Scientific Facts[M]. Princeton，NJ：Princeton University Press，1986：45.

[22]赵万里. 建构论与科学知识的社会建构[D]. 天津：南开大学，2000：84.

[23]LATOUR B，WOOLGAR S. Laboratory life：The Construction of Scientific Facts[M]. Princeton，NJ：Princeton University Press，1986：63.

[24]REISS J，SPRENGER J. Scientific Objectivity[EB/OL]. [2014-08-25]. https：//plato.stanford.edu/entries/scientific-objectivity/.

[25]COLLINS H M. Stages in the empirical programme of relativism[J]. Social studies of science，1981，11（1）：3-10.

[26]赵万里. 建构论与科学知识的社会建构[D]. 天津：南开大学，2000：63.

[27]COLLINS H M. Changing order：Replication and induction in scientific practice[M]. Chicago，IL：University of Chicago Press，1992：1.

[28]DURKHEIM E. The rules of sociological method：and selected texts on sociology and its method[M]. New York City，NY：Simon and Schuster，2014：46.

[29]DASTON L. Objectivity and the Escape from Perspective[J]. Social studies of science，1992，22（4）：597-618.

[30]DASTON L，GALISON P. The image of objectivity[J]. Representations，1992，40：81-128.

[31]PORTER T M，HAGGERTY K D. Trust in numbers：the pursuit of objectivity in science & public life[M]. Princeton NJ：Princeton University Press，1995.

[32]PORTER T M，HAGGERTY K D. Trust in numbers： the pursuit of objectivity in science & public life[M]. Princeton NJ：Princeton University Press，1995：229.

[33]PARASIE S，DAGIRAL E. Data-driven journalism and the public good：Computer-assisted-reporters and programmer-journalists in Chicago[J]. New media & society，2013，15（6）：853-871.

[34]BBC中文网. 从BBC到路透社，人工智能AI怎么做新闻？[EB/OL]. [2018-09-26]. https：//www.bbc.com/zhongwen/simp/science-45591003.

第八讲　行动者网络视角下的新闻生产与算法新闻

孙　萍（中国社科院新闻与传播研究所助理研究员）
刘双庆（中国政法大学光明新闻传播学院讲师、硕士生导师）

刘双庆：

我很荣幸向大家介绍我们在新闻生产和算法新闻方面的初步研究成果。我将介绍我们研究的前半部分，包括引言、文献综述和研究方法。孙萍老师将介绍我们研究的初步结果。现在我们生活在大数据时代，算法被广泛应用于社会的各个领域，包括新闻业。随着算法的引入，新闻制作和分发逐渐发生了变化。基于此，学者和研究人员重新思考人类劳动与技术的关系[1]。就像徐教授之前提到的，类似计算新闻和自动新闻这样的例子。

随着新技术的采用，新闻场域中出现了许多新的行动者，比如美国的BuzzFeed和中国的今日头条这样的新平台。我想现在很多人都是通过类似今日头条算法推荐这一方式获取新闻的。

随着以数字技术、智能技术为代表的新技术的出现，新闻领域的竞争日趋激烈[2-3]。不同的行动者可能会为争夺新闻领域的位置而相互竞争。我们可以看到关于这个主题的研究文章。面对新兴媒体的竞争，传统媒体也在试图采用新技术来维持自己在新闻场域中的地位。在中国的新闻场域中，传统媒体主要分为党媒和市场化媒体[4-5]。党媒和市场导向媒体的功能不同，这可能导致算法采用的模式不同。

以行动者网络理论为核心框架，我们开展了这个研究。进一步来说，行动者网络理论是一种关于知识生产的理论。根据行动者网络理论，社会的运行是通过关系和联系表现的。它是日常互动的结果，而不是组织这些互动并赋予其意义的抽象结构[6-7]。我认为这是理解行动者网络理论的一个关键点。行动者网络理论的另一个理论贡献是提出了一个中性概念——行动者（actant）来指代人类和非人类参与者。在新闻的制作和分发过程中，它们都是同样重要的分析因素[8]。在行动者网络理论看来，创新可以被看作新闻网络中追踪不同行动者之间的关联和互动的过程。我们可以看到一些研究将创新看作过程。例如，2010年发表在《新媒体与社会》（*New Media & Society*）杂志上的一篇文章《作为行动者网络与社区实践的网络编辑室中的创新过程》[9]。

通过梳理以往的文献，我们提出了三个研究问题。第一个问题是关于中国传统媒体采纳算法的主要影响因素。第二个问题是围绕算法而形成的行动者网络中有哪些主要参与者，这些行动者在新闻制作过程中扮演什么样的角色。最后一个问题是算法如何影响传统媒体的新闻实践和新闻场域。

本研究的研究方法主要是深度访谈。到目前为止，我们采访了来自北京5家全国性新闻机构的10位新闻编辑和技术人员。之后，我们会做更多的采访。之所以选择这些受访者来进行研究，是因为他们对算法在新闻编辑室的使用有自己的亲身体会。因为他们的日常工作涉及算法，并且作为新闻媒体的一员，他们知道新闻媒体与算法的关系。这就是为什么我们选择他们作为我们的采访对象。孙老师将介绍本研究的初步研究结果。

孙萍：

我将展示我们的一些发现。实际上，我认为我们的发现是王海燕教授和徐笛教授项目的结合。

首先我想说，创新是一个非常重要的部分。基于行动者网络理论，我们认为这是一个转译的过程中不同的行动者、位置和角色，其中包括权力关系、互动策略和相互竞争[10-12]。

我们的第一个发现是，就传统媒体的算法采用而言，它是一种自上而下的话语模式。这是什么意思？一般来说，这意味着传统媒体组织比个体工作者更愿意接受算法。首先，传统媒体组织将算法作为与今日头条等新进入者争夺资源的手段或工具。这些资源包括政治资本、经济资本和文化资本，特别是在媒介融合的背景下。海燕老师前面已经提到了很多关于中国媒体融合的问题。实际上，现在中国的媒介融合是在各种不同级别的媒体中形成的一场大规模运动，所以在这方面，传统媒体组织会把采用算法看作一种保持自己竞争能力的方式。

我们的第二个发现是，对于那些传统媒体，他们之所以要采用算法是想要成为主流媒体，保持话语权，特别是对于我们党和政府而言。我们也有这样的国家政策，比如传统媒体需要成为党和国家的喉舌。对传统媒体来说，他们需要在网络话语上占据主导地位，成为主流媒体。这实际上是一种国家政策激励下的市场目标。

三是传统媒体在新闻分发和生产中运用算法，一方面是为了获取经济收入，另一方面是为了保持新闻权威。运用算法的经济收入从何而来？可以参考两部分。第一部分是他们想要国家为技术进步提供补贴。如果他们使用算法，或者购买类似的技术器械、设备，那么国家就会给予技术补贴金。日渐式微的传统媒体更有可能那样做，因为他们急需转型。第二部分来源于流量所带来的广告收入。通过使用算法来进行新闻生产和新闻生成，媒体也会有更多的日常活跃用户。那些仍然活跃的用户实际上意味着大量的流量。在互联网媒介的语境下，流量的商业化往往意味着大量的广告收入。传统媒体仍旧是市场意义上的新闻权威媒体，他们自己的优势在新闻采编、新闻写作和新闻报道。

四是组织对“技术光环”的追求。这是我们采访中的一些叙述，可以部分展现《人民日报》受访者的态度。受访编辑说他们已经建立了一个叫作“科技办公室”的机构，但是大多数人对此一无所知，他们甚至不知道为什么和怎么建立的。后来他们才意识到它实际上是一个采用算法来制作新闻的部门。但根据他的反馈，科技办公室实际上在新闻制作方面的功能或用途非常有限。非常有趣的是，我们的研究实际上与王海燕教授的研究发现相呼应。如果你去看中国不同的省级媒体，他们都建立了精美而复杂的媒体中心。但是，当你问他们这是用来干什么的，他们会告诉你，主要是负责接待参观或录制活动时使用。这就像我们采用的算法，在实际的新闻生产或传播中很少使用，它们的功能非常有限。从这个角度讲，接受算法实际上是一个各方参与者参与理解的转译的过程。

那么，算法转移的结果是什么？

我们的第一个发现是，采用算法实际上改变了新闻生产的方式。正如徐笛教授提到的，我们发现很多像传统媒体这样的机构制作的新闻需要依靠社交媒体平台来传播，所以他们不得不削减或重新规范新闻制作流程。如果有一个长度为2分钟的新闻内容想要在抖音或者快手传播，需要传统媒体大幅缩短传播时间，一般是压缩到15秒到20秒。因此，传统记者、编辑不得不缩短已经精细化过的2分钟的新闻节目。这对他们是残酷的也是一个挑战，因为从新闻的主题内容报道来看，这几乎传播不了什么内容。

下一个发现是关于新闻传播的。虽然使用算法可以增加传统媒体的日常活跃用户（DAUs），但是，互联网新闻的传播更依赖于我们前面提到过的社交媒体规则，因为这些社交应用比传统媒体更接近用户。在这方面，编辑、专家和记者非常关心的问题是观点极化、信息茧房和算法黑箱。关于这类问题，他们已经讨论了很多，比如算法作为中介产生的新的传播方式如何影响受众的接收效果。

我们的第三个发现是，记者和专家在采用算法上达成了共识，那就是人为干预是必须的。因为对于编辑和记者来说，他们不相信算法生成新闻的质量。对于专家来说，他们不太相信算法。因为通过自己的研究，他们看到人工智能现在还处于非常初级的阶段，他们认为人工智能不可能在没有人类帮助的情况下处理所有事情，因此人类干预在这个阶段是非常重要的。对于记者来说，他们认为必须干预新闻的生产和传播。这是因为媒体有自己的规则，很多记者也会面临自我审查，而机器的原则很大程度上未能完全适应中国语境下的新闻生产。因此，人类的干预很重要。

我们的第四点发现是技术科学家的中介性。IT（信息技术）计算机或数据科学家在记者和编辑之间扮演着非常重要的中介角色。我们认为，随着机器或算法跨越了边界进入新闻制作领域，IT专家或数据专家的角色将会日渐重要。但这部分，由于田野调查尚不完善，我们目前没有足够的数据支持，只能给出一个非常粗略的框架。编辑和记者将不得不与技术专家进行交流、谈判，甚至在未来的新闻生产方面与之竞争。

总结一下我们的发现，在未来，媒体机构比个体工作者更有可能采用算法。IT专家或数据科学家正在成为记者和编辑之间非常重要的调解人。从某一个层面来讲，这实际上促使我们去思考算法的技术治理问题。我们越来越依赖技术，而不是人工或者专业记者，这实际上是一个技术治理问题，非常值得反思。特别是当人工智能在未来新闻领域发展的时候，人机关系对我们来说非常重要。

最后要分析的是算法如何改变新的新闻规范和新闻领域的发展，主要有三点。第一点，我认为是持续的商业化。因为网络流量成为传统媒体的核心和关键目标，特别是像王海燕教授已经提到的，传统媒体正在经历一种商业资本化过程，这也是不可避免的。第二个是情感化，我们可以发现人们实际上更倾向于享受情感类新闻消费。如果算法开始意识到这一点，我认为它将不可避免地为人们选择更情绪化的新闻风格。我认为这个过程在将来也可能成为现实。关于个性化，我想之前的文献已经提过很多了。每个人都会有自己的新闻风格、新闻消费和新闻话题。

这基本上就是我们对行动者网络理论的发现。

整理人：袁雨晴

参考文献

[1]TANDOC E C. Five ways BuzzFeed is preserving（or transforming）the journalistic field[J]. Journalism，2018，19（2）：200-216.

[2]USHER N. Venture-backed news startups and the field of journalism：Challenges，changes，and consistencies[J]. Digital journalism，2017，5（9）：1116-1133.

[3]TANDOC E C. Five ways BuzzFeed is preserving（or transforming）the journalistic field[J]. Journalism，2018，19（2）：200-216.

[4]ZHAO Y Z. From commercialization to conglomeration：The transformation of the Chinese press within the orbit of the party state[J]. Journal of communication，2000，50（2）：3-26.

[5]方可成. 社交媒体时代党媒“重夺麦克风”现象探析[J]. 新闻大学，2016（3）：45-54+148.

[6]DOMINGO D，MASIP P，MEIJER I C. Tracing digital news networks：Towards an integrated framework of the dynamics of news production，circulation and use[J]. Digital journalism，2015，3（1）：53-67.

[7]MOL A. Ontological politics. A word and some questions[J]. The sociological review，1999，47（1 suppl）：74-89.

[8]DOMINGO D，MASIP P，MEIJER I C. Tracing digital news networks：Towards an integrated framework of the dynamics of news production，circulation and use[J]. Digital journalism，2015，3（1）：53-67.

[9]WEISS A S，DOMINGO D. Innovation processes in online newsrooms as actor-networks and communities of practice[J]. New media & society，2010，12（7）：1156-1171.

[10]AKRICH M. The de-scription of technical objects[M]//BIJKER W E，LAW J. Shaping Technology/Building Society：Studies in sociothecnical change. Cambridge，

MA：MIT Press（Inside technology），1994：205.

[11]BRUNO L. Where are the missing masses? The sociology of a few mundane artifacts[M]//BIJKER W E，LAW J. Shaping technology/building society：Studies in sociotechnical change，1992，1：225-258.

[12]MICÓ J L，MASIP P，DOMINGO D. To wish impossible things：Convergence as a process of diffusion of innovations in an actor-network[J]. International communication gazette，2013，75（1）：118-137.

下　篇

数字新闻实践创新

第九讲　智媒体：新物种进化论

李　鹏（四川日报报业集团党委副书记、总编辑）

21世纪以来，随着科技快速变革，新物种不断涌现。媒体领域加速进化，人工智能技术驱动之下，智媒体作为一个新物种快速生长。“智媒体：新物种进化论”这个主题，是这些年四川日报报业集团尤其是旗下封面新闻与华西都市报、川观新闻与四川日报融合转型的探索成果。

一　智能传播时代到来

毫无疑问，人工智能技术深度改变各行各业，信息传播行业也不例外，我们已经来到了一个智能传播时代，智媒体应运而生，技术改变传播成为这个时代的显著特征。最近中共中央办公厅、国务院办公厅印发的《关于加快推进媒体深度融合发展的意见》[1]（简称《意见》）指出，要紧盯前沿技术，瞄准发展趋势，加强对新闻传播领域有关新技术的前瞻性研究和应用，引领驱动融合发展。技术引领融合发展，《意见》明确要求将信息技术革命成果应用到新闻传播领域。回顾这些年互联网发展历程，可以很清晰看到我们经历了三个阶段：PC（个人电脑）互联网阶段、移动互联网阶段和智能互联网阶段。每个阶段都有其代表性的互联网产品和信息传播平台，这些产品和平台的用户量级都非常之大，对整个社会生活改变相当大。智能互联网时代的代表性技术爆发式产生，可以用“A、B、C、D、G、I”这六个字母概括。

“A”是人工智能。这些年以来，人工智能已经广泛进入大众生活，包括智能家居、智能机器人、智能可穿戴设备等，人工智能也在与医疗、交通、能源、教育等传统行业深度融合。人工智能催生的新物种，在今天呈现爆发式增长。我们可以判定，当前的人工智能新物种，还只是处于初级阶段。随着人工智能技术的日趋迭代和升级，大量的新物种深度改变社会的现象还将迅猛发生。在这个大的趋势下，媒体被深度重构、被重新定义。我们可以看到人工智能已经全链条参与到了新闻生产流程中，大力推动新闻生产智能化变革，包括智能分发、线索热点监控、全网素材采集、版权追踪、考核自动化以及安全管理等。

“B”是区块链。区块链作为一门新技术在金融和数字安全领域应用较多，它在赋能媒体方面才刚刚有一些初步发展。随着区块链技术日趋成熟，它在赋能媒体方面还有更多可能。就目前而言，区块链技术在版权保护、数字资产管理、内容集约化生产、内容质量提升以及可寻址的广告营销方面，已经初具成效。随着区块链技术的进一步发展和广泛应用，它对媒体的赋能会越来越多。

“C”是云计算。虽然云计算是一种底层技术架构，但它是媒体迈向互联网主阵地的重要基础支撑，它对媒体的改变主要在三个方向：一是建立基层技术架构，帮助媒体迈向互联网平台；二是驱动网络业务的发展，支撑多元产品体系运行和迭代；三是拓展产业转型，进军智慧文博等云端产业，构建互联网科技传媒文化产业链。

“D”是大数据。毋庸赘述，数据驱动是媒体融合转型成功与否的标志之一。数据驱动运用包括多个方面，比如用户数据运营、信息数据挖掘、生产数据存储、技术数据开发等。大数据正在成为一种宝贵的资源，被越来越多的媒体所认知所运用。实际上媒体传播的每一个案例，都离不开大数据。

“G”是5G。这是最近两年的热门话题，它带来的不只是信息传播的高速度、低时延、泛在网，更多在于信息传播形态的变化，尤其是视频化的传播正在成为主要信息形态。5G更为AR（增强现实）、VR、MR（混合现实）这些新视频内容提供了有力支持，带来视频和信息交互的革新，迭代更多新产品，催生更多产业新生态。比如四川日报的川观新闻客户端，开发了国内首款基于5G消息的新闻媒体类服务。

“I”是物联网。物联网技术是一门正在蓬勃发展的新技术，它让我们进入万物互联的时代。物联网应用到信息传播领域，我们会发现运用传感器来制作的新闻将逐渐增多，国内外媒体都在尝试运用新技术。此外，信息传播主体还将增多，更多来自物联网企业的信息将进行传播；终端覆盖也将更加广泛，今后信息生产的关系还将深度改变。

以上这些技术，集中到我们所处的时代，形成强烈的叠加效应，特别是5G和AI（人工智能）叠加，让信息传播呈现移动化、社交化、视频化、智能化的“四化”迭代特征。可以预见，随着“A、B、C、D、G、I”这几门技术的共同作用，整个传媒生态、传媒生产关系必将呈现巨大变化。

二 建设一流智媒体

《意见》指出，要以先进技术引领驱动融合发展，用好5G、大数据、云计算、物联网、区块链、人工智能等信息技术革命成果，加强新技术在新闻传播领域的前瞻性研究和应用，推动关键核心技术自主创新。面对新技术、新趋势，四川日报报业集团的封面新闻和川观新闻大力发展智媒体，探索把人工智能技术应用到新闻生产全流程，把技术作为引领性和驱动性要素，提升舆论引导力。

在2016年，封面新闻就明确提出要打造智媒体，构建引领人工智能时代的泛内容生态平台。我们对智媒体有个描述，智媒体就是用人工智能等新技术重构新闻信息生产与传播全流程的媒体。技术驱动是智媒体的本质特征，人机协同是智媒体的重要标志，智能传播是智媒体的目标追求。

这些年，智媒体在业界快速生长，包括人民日报、新华社、上海报业集团、南方报业传媒集团等，都作出了大量探索，特别是央媒的探索非常有成效，引领传媒业向智能传播快速进步。从行业来看，也有行业协会领导和专家判定智媒体是未来发展方向。比如中国报业协会理事长张建星在全国报业大调研优秀成果《王者荣归：媒体深度融合的56个实战案例》序言中写道：“未来必须面向智媒体布局，智媒体是以新技术为基础，万物智联、万物皆媒，机器能够实现自我学习、自我完成内容生产、分发、交互、消费，并实现人机合一的媒体形态。”“报纸只有向智媒体转型，才有生路。”也有越来越多的专家对智媒体发展进行研究，提出建议。

四川日报报业集团已经在智媒体的智能生产方面有很多产品和应用。封面新闻自主研发的“小封机器人”，是封面传媒公司第240号员工，在全国智能写作平台的排名中名列第9位，它2019还出版了一本诗集《万物都相爱》。川观新闻客户端的机器记者叫“大川机器人”，亮相以来也生产了大量的新闻信息。我们可以看到，现在的内容生产，已经告别了原来单一的由人主导的时代，实现了人机协同生产。机器生产内容的案例大量出现，所以我们可以判定，新闻信息生产和传播已经来到了人机协同的时代。包括机器审核、因人而异的精准传播等，智媒体应用已经非常广泛。

（一）智媒体：智能+智慧+智库

对于智媒体建设的重点和内涵，我把它归为三个领域，即智能媒体+智慧媒体+智库媒体，分别都有清晰的指向，智能媒体主要是加强智能技术的研发与应用，智慧媒体主要是智慧内容的价值主导和专业生产，智库媒体主要指向智库服务的深耕和社会治理参与。

智能媒体的技术应用，体现在用AI来驱动信息的视、听、读、聊，比如视频的智能化生产、信息的智能化分发、语音的智能化播放、互动的智能化聊天等，人机交互、智能评论都可以用技术来赋能。智慧媒体是智慧内容打造，在人机协同的背景下，更多用主流的价值观植入算法逻辑，打造主流媒体算法，并用人来解决机器不能解决的事情，用人来纠正机器可能出现的偏差，更加强调价值主导、正能量传播、精品化生产。智库媒体主要是智库服务，基于我们的数据来搭建“智库+舆情”的服务平台，深度参与社会治理。四川日报的川观智库和封面新闻的封面研究院，都是建设智库媒体的主要抓手。

建设智媒体必须确定的首位战略是数据驱动，它的核心是以“数据驱动增长”作为发展理念，以用户为中心，以增长为导向，用数据驱动AI开发、产品迭代、用户运营、安全保护、收入增长、组织变革等工作，建立数据驱动文化，用数据驱动引领视频传播和社群营销。数据驱动增长的背后是技术引领性作用的发挥。在数据驱动用户增长方面，更加强调把用户服务与留存和拉新用户的日活看作最重要的指标。在数据驱动收入增长方面，已经有了广阔的空间，包括技术赋能销售，技术赋能文博产业、文化产业等领域，特别是2020年疫情之下，封面新闻研发的云发布、云展览、云展馆，更好实现了线上线下数据的整合，对经营收入增长的帮助相当大。

（二）AI重构新闻生产与传播

人工智能重构新闻生产与传播，目前已经取得了长足进展。封面新闻自主研发的“封巢”系统，对于重构新闻生产流程发挥了重要作用。告别传统媒体生产，迈向移动智能化生产，这个系统是重要支撑。它的主要特征就是支撑以移动互联网传播为主体的内容生产流程重构，用技术倒逼生产流程，倒逼生产态度，倒逼生产关系。

“封巢”内置了四大系统：热点监控系统、全网采集系统、内容管理系统以及传播分析系统。“封巢”实现了内容生产的“三全覆盖”，即全时段、全流程、全网络覆盖；内容管理的“三屏”合一，即PC屏、App屏、大屏打通生产和传播，包括“数据支持+智能写稿辅助+智媒呈现+全网推流”的多线程、智能化协作。

我们着力加强人机协同的探索，把机器和人的协作生产作为智媒体发展的重要方向。打造人与机器相互作用的智媒体闭环，形成强大的媒体生产效率和传播效率，典型应用比如机器写作、机器辅助写作、机器辅助编辑、语音合成、用户画像、人机对话、AI场景应用等取得了好的成果。

封面新闻的智媒体建设已经开始实现技术输出，推动同行的智媒体化。一些智媒体技术已经在县级融媒体中心、客户端研发、高校融媒中心建设等方面开花结果。比如2020年疫情期间，通过与黑龙江广播电视台的云上沟通，为其开发打造“极光新闻”客户端，运用智媒体新物种为极光新闻客户端赋能，通过“内容驱动+数据赋能+场景匹配”，整合了黑龙江的优质IP（知识产权）

的资源，实现了很好的发展。包括四川日报的川观新闻客户端，搭建“四川云21183项目”，AI智能机器人24小时服务，开放赋能四川全省21个市（州）183个县（市、区）。

三 深度融合，整体转型

建设智媒体是在传统媒体基础上融合转型而来，一个重要的使命就是传统媒体与智媒体的深度融合，这是当前业界正在进行的一项广泛的、深刻的革命性工程。中央的文件说得非常清楚，要推动主力军全面挺进主战场，以互联网思维优化资源配置，把更多优质内容、先进技术、专业人才、项目资金向互联网主阵地汇集，向移动端倾斜，让分散在网下的力量尽快进军网上，深入网上，做大做强网络平台，占领新兴传播阵地。

我们正在进行的媒体深度融合发展工程，一个标志性特点就是看你是否实现了主力军进入主阵地，是否实现了整体的转型。四川日报报业集团两大客户端——川观新闻和封面新闻都实现了整体转型，从传播之转、队伍之转、班子分工之转到考核之转，都在向互联网平台转移，一直在向前迈进。推动媒体深度融合，要从以下方面坚定转型：

要坚定不移落实移动优先的要求。这是基本的策略，做不到这一点，融合就是假的。它要求我们的基因、我们的阵地、我们的武器都要转变。要改写纸媒基因，增强移动互联网的基因；要把移动客户端作为主平台，四川日报报业集团是把川观新闻、封面新闻作为主平台、主阵地；要再造“武器”，升级采编的视频装备，丰富技术研发的装备，加强产品运营的装备。

要坚定不移打造自主传播平台。落实到区域媒体，就要打造区域传播平台，要不遗余力建设自主可控的平台，掌握舆论传播的主导权、主动权。这是主流媒体融合转型必须要做的一件事情，而且是头等重大的事情。建设自主平台，特别强调用技术赋能，建设智媒平台，推动平台“出圈”。同时要注重平台的生态化，做强多元产品矩阵体系，实现舆论的同频共振和生态化发展。

要坚定不移地以贯彻先进技术为引领。传统媒体这些年一直处于“跟跑”的局面，必须要瞄准先进的技术领域发力，努力运用，努力开发，争取在一个点、一个面乃至更多方面实现“领跑”，这是最不容易的。所以四川日报报业集团这些年非常注重自建技术团队，坚持自主技术创新，把媒体生产、传播的核心技术掌握在自己手里。我们已经在很多的技术方向储备了基本的团队，自主研发了一些核心的技术。

要坚定不移加大音视频内容供给。中央的《意见》明确提出要加大音视频的内容供给。这是媒体内容创新的新增长点和竞争力。封面新闻要求全面视频化传播，川观新闻也要求加大视频内容的占比，这背后是团队的全员视频化生产转型，需要全媒体人才团队支撑，需要持续不断地引入视频人才，加强现有团队的视频化培训。

要坚定不移走好全媒体时代群众路线。这是党报集团和机构媒体的应有之义，是宗旨意识的落地和体现。我们注重通过实实在在的产品来体现，川观新闻打造了“民情热线”和“问政四川”来为群众服务，“民情热线”重点是为民办实事，聚焦民生；“问政四川”重点是监督不作为，聚焦为政。封面新闻搭建了“云求助”通道，让用户和群众可以通过这里实现云求助、云投诉、云监督。在全媒体时代，我们要跟群众实现良好互动，提供良好服务。

构建全媒体传播体系，重点要构建智慧主导的全媒内容体系，实现全程全员的生产；构建智能智库的全媒服务体系，实现传播的全息全效；构建“技术+”的全媒支撑体系，培养全媒人才。这三大体系的构建事关重要。同时，要建立全媒体的工作机制，实现平台一体化、流程一体化、考评一体化。只有这些转变、转型到位了，整个媒体深度融合转型才会向良性的方向去发展。人才队伍方面，要培养“一专多能”的全媒人才队伍，特别强调加快团队的数字化迭代，增强技术运用能力，增强互动服务能力。要加快构建“技术+新团队”，用技术引领推动团队转型，构建最懂技术的新型团队。

整理人：袁雨晴

参考文献

[1]新华社. 中共中央办公厅国务院办公厅印发《关于加快推进媒体深度融合发展的意见》[N/OL].（2020-09-26）[2020-10-24]. http：//www.gov.cn/xinwen/2020-09/26/content_5547310.htm.

第十讲　建设性新闻的实践与探索

宋乐永（光明网副总经理）

我向大家汇报一下我在新闻行业从业20多年的一些探索和经验。

1998年，我刚进入新闻业时，也像很多新闻专业的同学一样，抱着“铁肩担道义”的激情去进行新闻报道，尤其对调查性报道情有独钟。2000年，我参加“长城绿色工程万里行考察活动”，一群媒体记者驾车从辽宁省丹东市一路走到新疆维吾尔自治区库尔勒市，沿途调查长城两岸的绿色保护，也揭露了一些破坏环境的事件。当时，一些地方频频发生环境污染事件，媒体报道是揭露环境污染的主流渠道。又过了十年左右，随着微博和微信等社交媒体的兴起，揭露环境污染事件的舆论场逐渐从传统媒体转向了微博等社交媒体，环境污染事件往往首先在微博等舆论场炒作，形成一定关注热度后，传统媒体记者介入调查，从而螺旋式推动新闻报道一点点接近新闻真相。又过了七八年，我发现环境监督报道再次发生转型。由于微博、微信等社交媒体的高度发达，环境监督的主战场转向了社交媒体，只要哪个地方存在环境污染，网民就会迅速曝光，而且图文、视频并茂，倒逼着环境监管部门进行核查。但由于部分网民环保知识不足，网上出现了很多不专业的“投诉”，这些不专业的“投诉”又误导了更多网民，甚至形成了假新闻。随着环保力度的不断加大，“绿水青山就是金山银山”的生态理念已经被大众所接受，环境报道需要推动民众、企业和政府之间的有效沟通，让广大网友回到理性的层面上参与并推动环境保护的工作。基于此，我认为机构媒体的职责要适时进行适当调整，从过去的以监督报道为主，逐渐转向环境知识的科普，推动民众、企业和政府等多方交流；记者的职责也要从撰写冲突性故事转向报道“建设性新闻”。

众所周知，做新闻需要五个“W”和一个“H”，即Who（何人）、What（何事）、When（何时）、Where（何地）、Why（何因）和How（如何），现在又出现了“What’s now”这样一个“怎么做”的需求。过去新闻报道尤其报纸往往强调讲故事，而且故事内容越有冲突性越好；后来转向PC互联网新闻，往往追求快、多，围绕新闻事件发的新闻越多越好、越快越好，而且集结成一个专题，不能错过新闻进展的每个细节；到了移动互联网时代，人们获取信息的主要渠道转向了App，强调的是本地化和个性化内容推荐服务。由于人们获取信息方式的改变和用户需求的调整，新闻写作的方式也要相应变化和调整。

过去，新闻媒体热衷讲故事，而且是情节跌宕起伏的故事，当下用户已经不再满足于跌宕起伏的故事，更需要融故事与服务于一体的融媒体作品；在看新闻的时候，享受有价值的服务。我刚参加工作的时候，老师教导我，新记者讲故事要经过三个阶段，刚开始要真实记录采访对象的所言所行，把故事讲清楚，把故事讲得有情节；过一段时间后，要写出有观点的新闻报道；再往后，就要求记者把观点融入故事，让读者在有情节的故事中，不自觉地接受媒体的观点。在今天的互联网阅读环境下，以前的新闻写作方法正在发生调整。以最近发生的黑龙江酸汤子中毒事件为例，记者不仅要写清楚中毒事件的前因后果，解释清楚为什么食用过期酸汤子会中毒，还要图文并茂地告诉用户如何避免酸汤子中毒，可操作性越强越好。媒体做新闻报道，不仅要提供有影响力的内容、有价值的信息，还要让用户看完新闻报道后有所收获，有用比好看更重要。

互联网时代，记者如何全面获取新闻信息、挖掘新闻真相呢？首先，扎实的采访必不可少，但仅仅有扎实的采访，已经不能再满足要求，还需要记者大量地挖掘数据，通过挖掘社交媒体的非结构化信息，借助多种新技术手段来发现更多的新闻事实和真相，这是做好建设性新闻的一个必不可少的手段。

著名经济学家华生2020年春天发表了几篇为高福教授“正名”的文章，如《如果群殴高福是搞错了对象》。在这篇文章中，华生教授并没有去做新闻采访，仅仅是充分地利用了社交媒体上的相关新闻报道，拆解出其中的逻辑，来为高福教授正名。文章有理有据，非常具有说服力。

当前媒体在招聘编辑、记者时，新闻专业的学生所占比例仍然较大，但媒体也在积极招聘一些理工科、动手能力强的学生来做新闻记者，也就是未来的科学记者。对于清华大学的同学来说，在校期间多学几门理工课程，让自己具备写基础代码和数据挖掘的能力，对于将来从事新闻会更有好处。因为要做建设性的新闻，我们需要更多的科学记者，也就是通过数据挖掘手段来发现更多的新闻真相。

在未来的建设性新闻的采访中，除了应用数据挖掘手段，传感器技术等也将被纳入新闻报道的视野。在2020年中秋节时，光明网利用气象台的摄像头做了一个全国多地的中秋节月亮直播。随着5G时代的到来，传感器将会变得无处不在，通过应用人工智能技术和传感器技术，新闻的来源将会不断被拓宽。当这些调整到来之时，科学记者的价值就变得尤为重要。总之，我们要在建设性新闻成为大势所趋的情况下，调整采访报道、获取新闻素材的方式。而这一切迫切需要新闻报道人才能力的提升，这也要求未来将要成为记者的同学们具备很强的信息挖掘和信息分析能力。除了具有正确的价值观和扎实的采访能力，更重要的是动手能力。

2G和3G时代是机构媒体的黄金时代，新闻业的主要生产方式是PGC（Professional Generated Content，专业生产内容），也就是专业人士生产新闻；到了3G和4G时代，新闻业的主要生产方式从PGC逐渐转向UGC（User Generated Content，用户生产内容），也就是用户生产新闻，用户既是新闻消费者也是新闻生产者；在接下来的5G时代，将是MGC（Machine Generated Content，机器生产内容）时代，机器生产新闻将成为新闻创作的重要组成部分。机器生产新闻和原来的新闻生产方式相比明显不同，不仅是信息数量大幅增加，新闻信息来源也将不断拓展。随着新闻供应的迅速增加，媒体为每个用户提供个性化新闻服务将不再遥远。

如何做好建设性新闻？从实践探索来看，有以下几个方面。第一，记者必须坚持正确的价值观。作为新闻记者，我们不能放弃社会监督，要继续当好“守门人”的角色，同时又要转变传统新闻工作中的冲突和负面框架，吸引读者更准确地认识世界。以疫情期间报道为例，我们除了要报道疫情中存在的问题，还要报道医护人员在救治过程中的艰辛付出等正能量报道，更要进行大量科普性质的报道，使社会各界能够理性地看待疫情，正确认识新型冠状病毒，让社会的不同群体能够进行有效的沟通，相互理解，促进社会向着和谐有序的状态发展。

第二，记者需要唤醒积极心理，以积极的心态看待世界、从事新闻报道，引导更多的公众参与，不仅要报道社会冲突，还要关注潜在的解决方案，提供不同社会群体对话的机会，推动社会和谐发展。

第三，从实操方面来说，记者要学会利用新技术，心中既要有一张技术进步的地图，也要有一个技术进步的指南针，跟得上技术变化的趋势。未来的记者必须利用新技术深挖用户需求，把成熟的技术应用于日常工作，持续不断地推进新闻创作和传播创新。从目前的技术变化趋势看，2017—2020年之间，技术的进步主要集中在用户画像、个性化推荐、内容分发等领域，互联网商业平台是这一时期的创新主力。在2018—2021年这一阶段，新闻领域技术创新将主要集中在新闻写作、虚拟主播、数据新闻等方面。而在2022年之后，创新的主力可能会逐渐转向信息采集。

因为我一直工作在新闻实践一线，除了要预判未来发展的方向，更要注意到当前哪些新技术可以马上应用于实践之中。目前，机器写作和虚拟主播是比较重要的一个应用点。我们除了关注新技术，更要不断把各行业的一些成熟技术应用到新闻行业，推进新闻行业的供给侧改革。我们在技术应用的过程中，要深挖用户的需求，把成熟的技术应用到日常工作中来，也就是把其他领域的成熟技术，不断应用到新闻创作和传播中来，使我们的技术应用更加成熟。同时，我们也要避免一些不必要的技术应用的风险。

整理人：李雨泠

第十一讲　财新付费订阅的探路与思考

康伟平（财新传媒副总裁、财新网首席运营官）

2020年10月，国际期刊联盟（FIPP）发布了《2020全球数字订阅报告》最新数据，财新以51万付费订阅用户（截至2020年上半年）名列全球第十位，相比2019年排名大幅提升，成为唯一入围榜单的中国媒体。同时上榜的包括《纽约时报》《华尔街日报》《华盛顿邮报》《金融时报》等国际主流媒体。

报告显示，财新付费订阅用户取得了70%的增长，位列全球数字订阅增长榜第二名。国际期刊联盟是全球规模及影响力最大的期刊行业组织，每年发布相关行业报告，对全球期刊、媒体内容产业作出趋势前瞻。

2020年11月6日是财新正式启动付费阅读三周年的日子。三年来，财新的订阅用户数量持续稳步增长，付费订阅收入已经从起初的小份额成长为集团收入的“三驾马车”之一。

一　开启国内新闻付费阅读市场

进入互联网时代，传媒行业受到了前所未有的冲击，从以广告为主的商业模式到内容生产和传播，各个环节均不同程度地遭到了互联网平台的颠覆与解构。其中，传统媒体因不具备互联网平台的流量优势，主要营收来源——广告被大量分流，下滑严重，已经威胁到媒体，特别是以原创生产为主的传统媒体的生存与发展。

在过去的十多年里，免费阅读由于为几乎所有互联网平台所采用，不期然成为压倒性的信息获取方式。互联网媒体从传统媒体那里以极低的价格拿到了版权，以免费的方式传播，这与互联网公司进入所有领域一样，免费只是补贴用户，借以占领市场、换取未来收入的手段。从各个行业的经验来看，对用户的长期补贴、对生产端的极致挤压本身来说是不平衡的。内容长期免费必然会带来质量下降，进而引发市场的回调和分化。

这正是近几年内容行业，特别是媒体行业，被用户普遍诟病的核心问题。大家对所谓的海量已深感厌倦，对内容产品的低值化难以忍受，特别是假新闻横行常常使舆论沸腾，怨声载道。伴随于此，一些有能力生产优质内容的机构开始尝试付费阅读，互联网平台也出现部分响应之声。得到、知乎、喜马拉雅等开始陆续试水付费阅读的2016年，甚至被称为“知识付费元年”。在这样的背景下，2017年，财新传媒决心尝试新闻的付费阅读。其时，这在国内严肃新闻领域尚无先例。

国际上，英文领域的付费阅读起步较早，一线媒体已有成功实践。

分享纽约时报的一组最新数据：

——截至2020年7月，纽约时报的总订阅量超过了600万。这一数字在2020年1月为500万，在2018年第四季度是430万。

——订阅收入占纽约时报总收入在2018年底已经接近60%，超过了广告收入。最新数字——2020年第二季度财报显示订阅收入占比为72.6%。其中，数字订阅占总收入的36.2%。这代表着其长期依赖广告收入的商业模式已成功实现转型。

——纽约时报的600万订阅户里，数字订阅户达到500多万，其中订阅新闻的用户有400万，订阅填字游戏（Crosswords）和烹饪产品（Cooking）的有110.4万。

——纽约时报预计在2025年，可以实现总订阅达到1000万的成绩，其中200万订阅者来自海外。

作为最早实践付费阅读的国际媒体，纽约时报的订阅数据无疑是令人振奋也让其他媒体短时间内难以企及的，这样的数字对国内同行同样是一个激励。

从国内看，读者的需求一样是多元的、分层的。一方面，互联网特别是社交媒体的发展，激发出大量阅读需求，远远超过传统媒体的覆盖范围。阅读在传统上是少数人精心选择的行为，即使在桌面互联网时代，这一情形也没有发生大的改变。只有到了移动互联时代，阅读与社交、游戏甚至消费的边界全面模糊化，内容形态也因之出现本质变化。由于互联网公司以流量为最终追求，因此优先提供的是满足读者“最大公约数的需求”的内容，各种轻松消遣类甚至低俗的内容，在社交媒体上最为畅销，娱乐八卦、搞笑图片视频、生活交流类内容，都成为流量之王。近年来，“算法”模式兴起，更使这种情形走向极端化，也引起了很多争议。

另一方面，从中国市场看，高阶资讯和知识的需求逐渐凸显。随着线上跑马圈地的结束，原本线下的信息分层需求，也会在线上出现，而这种超越大众性的需求本身就隐含着付费意愿。从音频、视频到打赏、公益众筹，85后、90后新生代的消费习惯兴起，业已接受了网络产品的付费形态。此外，新生代读者版权意识的增强以及对社会公益事业的自觉维护，也为新闻产品付费阅读的推出奠定了较好的基础。

同时，财新启动新闻付费阅读，一个不可忽略的因素是移动支付的普及。网络付费阅读目前可以做到一键付费，这对用户体验至关重要。移动支付手段的便利性，还体现在销售手段的丰富性上，比如小鹅通、小程序等工具，可以提供多种销售手段，包括激励用户传播的分成机制，这在一定程度上培育了集消费者和生产者于一体的“产消者”概念。

二 多产品矩阵，产品运营与技术投入双管齐下

财新传媒成立于2009年底，是提供财经新闻、高端金融数据和资讯的全媒体集团，成立之初的理念是“公信力、全媒体、世界观”，这也是财新这些年矢志不渝的努力方向和坚守的底线。

财新成立以来既经历了互联网和传媒业的大变局，也目睹了社会和用户的快速变迁。坚持专业水准，坚持转型寻路，可以作为财新这些年所作努力的一个概括。

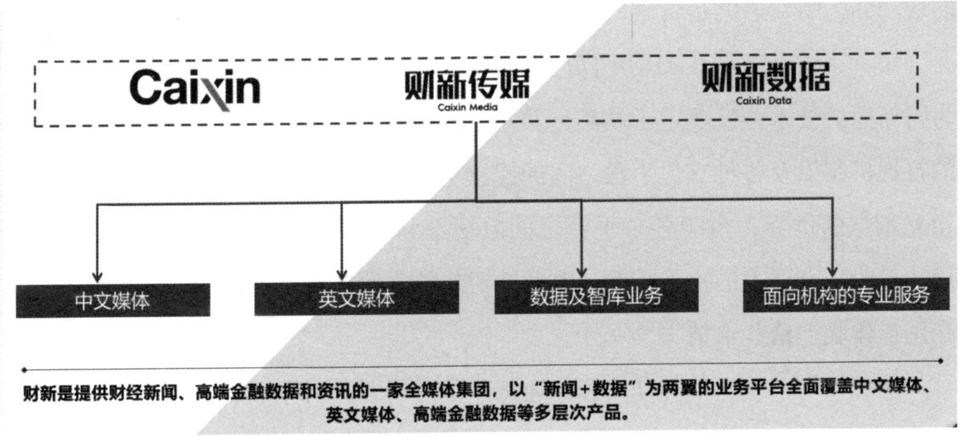

图2-1　财新传媒的组织结构与业务分布

财新于2017年11月6日正式启动付费阅读功能，推出了以财新通（即可通读财新网全网内容，此外还同时推出数据通、英文通和周刊通）为主的一系列产品。通过两年的市场开拓，新闻付费阅读为财新带来的订阅收入已经成为继广告、会议（论坛）之外的第三大收入来源，财新收入的“三架马车”雏形初具。

这一进展的取得，并非一日之功，而是经历了很长时间的动员和各方面的准备。首先，财新的付费阅读内容早有先例。财新周刊自2010年上线起即为付费阅读，不仅积累了大量付费用户及相关数据，还积淀了相关技术准备。此次财新通的收费自2017年10月16日开始预热，而周刊的付费用户（298元/年，后调整为348元/年）在11月6日前均可获得免费升级财新通（498元/年）的优惠，这既回馈了老用户，也激活了大量新用户。周刊付费（周刊通）本身作为一个参照系，使“财新通”订阅更显超值。在财新通上线之前，面向金融机构用户的数据库产品“财新数据+（数据通）”、面向英文读者的“财新英文（英文通）”，亦积累了相当的用户群。

其次，付费阅读启动之初，独立的知识付费产品“财新私房课”已试水一年，推动了广大用户的积极参与，复购率和黏性都远超同类产品。与“得到”合作、以《王烁学习报告》为代表的财新分享课，以“赤龙”为代表的财新小说界，也有效拓宽了财新的读者群，增强了读者的可选择性和获得感，这两个产品的成功亦为财新通的运营推广作出了有益的探索。

第三，财新商城在2015年即已运行，作为一个积累了初步经验的销售平台，为财新通的技术开发奠定了基础，并且随后调试了与微信、苹果应用商店等平台的打通机制以及各种支付手段之间的连接功能。与线下不同，移动互联网是一个相互割据的世界，由于各个平台之间数据不分享，因此用户订阅后的跨平台阅读，成为一个巨大的技术难题。对此，财新技术团队做了充分的开发工作，力求在用户体验上精益求精。

第四，对于编辑部的动员和沟通工作早已展开。对于以影响力为追求的编辑部而言，付费阅读容易带来传播焦虑。近年来，财新一直在内部研讨付费阅读的可行性并达成共识。对于重大、有影响力的报道，通过摘要和编辑荐读的方式扩大影响；对于公益性较强的文章，可安排先放开一定时间再收费，并提供红包功能（每个付费用户可以转发给5个读者免费阅读）。尽量把握社会功能与商业目标的平衡，同时又保持对新用户的吸引力。至2019年春节前，财新还通过与支付宝等支付平台合作，在全端口推出“免费试读”等功能，在保持影响力与推进付费阅读之间获得更佳的平衡点。

与此同时，对编辑部的写作规范、反应速度提出了更高要求。对于金融、商业等专业领域的报道，财新在议题设置上更加注重和读者的互动与反馈。

财新在近年来持续的互联网转型和新媒体实践中，深刻感受到：互联网相对传统媒体的竞争优势很大一块来自技术和运营。

首先是技术能力。众所周知，互联网是由技术更新推动的，技术构成了其最核心的竞争力。传统媒体以往的人才储备中缺少技术人员的累积，同时，对技术的把握能力和资金投入也是不足的。在几年的转型过程中，通过不断的人才招募和持续的技术投入，财新逐步培养了一个较为完善的技术队伍。截至2020年10月，财新传媒技术部已近80人，产品覆盖PC、WAP（无线应用通讯协议）和App

三端。在传统媒体中，财新这样的技术配置确属罕见。

付费产品对于平台的技术水平要求是很高的。媒体自身的平台不再仅仅满足普通的浏览、登录、评论任务，在支付、用户权限管理等诸多方面，需要做好基础建设。同时，付费订阅使用户大大提高了对产品体验的要求和期待值，稍有不慎，就可能引发用户的投诉，甚至退订，对以影响力为核心追求的媒体口碑也存在不利影响。

在财新通等付费产品上线前后，财新的内部技术团队做了充分的准备以及各方面的调整，包括技术底层以及开发人员的分工。在付费产品的上线后，这也仍然是一个持续和长期的调整过程，需要大量投入。我们深感，这个决心必须要下，且越早越好。

其次，运营在互联网企业的生产中扮演着非常重要的角色，可以说是确保产品成功的关键所在。运营这个概念脱胎于互联网企业，涵盖内容非常广泛，也因不同企业和不同产品而有所差异。但核心是以用户和运营目标为先导，在内部链接多个部门——特别是产品技术与内容部门，理解用户需求并最终服务好用户，以达成目标和使命。

财新早在2015年底便在公司内部成立了专门的运营部门，转岗和招募了一批专职的运营编辑，从内容运营、用户运营和活动运营三个方面来着力，在财新网、财新客户端以及财新新媒体的创立、建设过程中发挥了重要作用。

在专业机构新闻生产中，采编独立负责稿件的采写和编发，不允许跨越与经营之间的防火墙，同时采编也不会直接面对终端读者或用户。

进入移动互联时代，平台依托分发能力和用户触达能力，从渠道下游对上游内容生产倒逼，迫使上游更主动去理解用户，并做好自己的渠道与内容分发。这时，运营一职就应运而生且日渐重要。

财新通等新闻付费产品上线两年来，运营从“拉新”（增加新用户）和“拉收”（增加收入）两个目标，围绕用户的需求，向产品技术端提出了大量需求和优化改进，同时通过多种运营手段和财新三端产品将财新通推向更多用户，并争取了更多的转化。

三 市场推广与用户引导

作为国内第一家全面收费的新闻网站，财新通上线之后，立刻引发了市场的高度关注。财新也相应地安排了一系列推广活动，在机场和一些商业地标，针对目标用户做广告，旨在突出专业新闻的价值，激发读者对于调查报道的支持，同时展示团队实力。这在一定程度上参考了国际付费新闻媒体的做法。在线上销售的同时，财新还积极发展机构用户，向金融机构的客户定向销售，对部分国内高校学生给予优惠。总体而言，财新积累的长期读者相对高端、专业，认可财新的价值，也视付费为对编辑部的一种有形支持，因此订阅规模迅速放量。

付费阅读的推出并不是终点，而是处于不断的优化和完善过程之中。首先，财新对各产品的定价策略做了优化，并在运营的过程中，不断调整产品体系和结构。在付费阅读伊始，我们在《财新周刊》纸质版的基础上，推出了“周刊通”，并将定价从每年298元提升到348元。随着订户群的扩大，我们发现，用户有的无法区别“周刊通”与“财新通”，且两者价格在前者提价后趋近，于是将周刊通合并入财新通。调整后的产品体系更加清晰：以新闻阅读为主的“财新通”和在新闻阅读基础上增加了数据库功能的“数据通”。

其次，针对不同读者的需求，又开通了月订功能。针对个别需求强烈的单篇文章，也开发了单篇付费阅读的功能，并与外部平台进行销售合作。财新音视频也跟进制作相应的产品。此外，财新还借助新的社交传播技术，针对金融业的垂直类用户开发了寄身于微信平台的试验性产品“我闻”，首个单品“金融人•事2018”备受青睐。至此，财新付费产品矩阵已基本成形。

从财新的实验来看，付费获得读者认可的基础，仍在于内容本身。客观、准确、深入的新闻报道，无论是财经题材、政经题材还是社会题材，在当前的媒体市场上都是稀缺品，有着强烈的刚需特征，同时也易于激发读者的参与热情。付费功能上线之后，财新自身的报道魅力充分展现出来，诸如大资管新规、共享单车、煤改气、反腐调查等爆款报道，稳定、持续地带来了新用户的流入。因在注重影响力和付费之间精细运营掌握平衡点，财新网的PV（页面浏览量）、UV（独立访客）等流量数据在最初略有下降后，一直保持稳定，春节前后的“免费试读”推出后，更呈现出微升趋势。

我们认为，这也说明，与注重实用性和垂直细分市场的一般性知识付费产品不同，新闻付费产品的延展空间、长尾效应极强，容易受到新闻热点的带动，而不是一次性爆发后便陷于沉寂。

2019年10月，财新与南方周末联合推出“财新南周通”——用户可以一个优惠的价格同时获得财新通和南周会员两项权益。南方周末的付费会员制度推出虽然比财新通晚了一年，但是目前国内不多的几家尝试新闻付费阅读的机构媒体。联合南周，既是财新对老用户支持的一种回馈，也是希望通过这样的合作，让新闻付费阅读更加深入人心，把用户的付费习惯逐步建立和培养起来。

四 意义重大，前景可期，仍须努力

对于艰难转型的严肃新闻行业而言，实施付费阅读可以起到以下作用：凸显原创新闻价值，抑制造假和恶炒风气，重建媒体的自身造血机制，推动“四力”（影响力、公信力、传播力、引导力）建设。相对于娱乐消费导向的社交媒体，严肃新闻媒体的使命仍然是吸引主流精英人群，构建社会主流价值，而不是简单迎合民众的消费需求。

付费新闻因对机构媒体从采编、运营到技术的要求都很高，因此，从管理和资金投入上都需要做战略性的布局和安排。内部运营和技术的磨合是一个不断积累且长期的过程。特别是技术迭代很快，有所落后，就意味着要付出更多的时间和资金成本。但机构媒体毕竟还有采编的一大块成本，因此，如何平衡好技术投入，做最科学和优化的选择是个考验。

此外，线上付费阅读在中国毕竟是刚刚起步，相关配套环境仍不完备，在培育用户习惯、维护知识产权和打破平台垄断方面，仍有很长的路要走。

用户消费习惯仍须培育。接受网络付费阅读，是“从0到1”的关键一步。事实证明，接受网络支付的用户对价格并不十分敏感；而缺乏付费意识的用户，则仍需要认知转变。此外，付费操作涉及注册、支付等流程，无论如何优化，毕竟是一种技术操作，用户须熟悉过程。

新闻内容本身不是一种功能性的应用，具有公益性的特征，因而一般读者付费意愿不高。培育付费意愿，是一个从高端到低端、从窄众到大众的长期过程。从官方新闻机构的角度，可考虑采取一定的补贴措施。目前各机关报的经营环境日益逼仄，很多地方都动用公帑补贴报纸发行或直接补贴给报纸单位。其实，如果补贴线下发行改为补贴线上付费，则可起到固本培元之效，一方面弥补机构的收入缺口，另一方面可推动新闻报道付费阅读的潮流，进而以优质的新闻内容获得用户的认可，进入良性循环。

新闻产品的知识产权保护，还缺乏切实有效的法律手段。目前的新闻乱象，在一定程度上缘于知识产权保护措施不力。加强知识产权保护，有釜底抽薪的功效。提高侵权者的违法违规成本，依靠抄袭营利的自媒体将无法自存，有助于改善浮躁、泡沫化的生态。

在技术层面，值得注意的是平台垄断问题。与PC端不同，移动互联网的巨头均以营造闭环生态为己任。无论是硬件商、社交软件还是支付工具，都各自为营相互排斥，使得内容提供商需要在各个平台上建设互不相通的入口，不仅加大了内容提供商的成本，也严重损害了用户体验。事实上，互联网巨头的新型垄断行为，正在引发全球范围的反思。建立互联互通、数据在一定程度上共享的机制，使移动互联网不再成为移动互断网，是一个庞大复杂的系统工程，但应当引起相关部门的及早关注。

最后，仍须强调的是，线上付费阅读融合了内容、运营、技术、销售各部门，但依然应当注重媒体内部的防火墙建设。新闻与普通的知识付费不同，编辑部仍应保持自身的独立性，与运营、销售、技术部门既合作又隔离，坚持客观报道原则。这从长期来看，也是新闻价值得以体现、付费阅读得以实行的根本。

第十二讲 新闻传播专业学生如何应对媒体的变化

黄志敏（数可视创始人、数可视教育公益基金发起人）

当前数字技术急剧发展，很多新闻传播专业的学生也都会有类似的疑惑：从表面上看，新闻媒体在衰落，作为学生应该做什么、学什么？新闻传播专业的前途在哪里？所以，我今天就想换一个角度与大家谈谈这个问题。

首先，我简单介绍一下我所在的专门生产数据新闻的公司——数可视现在的情况。数可视到现在成立了四年时间，我们给自己的定位不是媒体，而更多是一个服务媒体的企业。我们会帮助很多媒体完成一些工作，因为一方面市面上的大多数媒体不具备像封面新闻、财新等一线媒体的技术能力；另一方面，如果这些媒体自己建立一个技术团队，那不仅会提高内容生产的成本，而且可能也没办法将技术团队发挥出应有的价值。在这种情况之下，数可视可以帮这些有需求的媒体完成很多工作。这些年，数可视与很多媒体合作生产了很多内容，发表在了不同的渠道上，有些内容可能会打上数可视的标志，有些则不一定会明确标明是数可视参与制作的。以2020年疫情期间为例，我们与新华社、人民日报、央视、腾讯、百度等媒体或平台合作生产了大量内容，还有很多其他的媒体使用了我们数可视提供的一些内容素材。经粗略统计，我们直接参与生产的有200多个作品，总访问量达到好几亿次。2019年，我们与不同的媒体合作的作品一共拿到了三个中国新闻奖的提名，其中有一个作品最终拿到了中国新闻奖一等奖。

我现在与一些学生沟通，发现很多学生会对媒体行业或多或少抱有幻想，我首先要破除大家的幻想。大家以前对干记者这行其实是有一些幻想的，觉得记者似乎就能成为影视作品里那种能够呼风唤雨、影响社会的个人英雄。在当下，这种可能性不能说没有，但是已经越来越少了。以前的记者或许有一定的社会光环，但我希望当下的学生不要把自己想象成个人英雄。

所以，第一件事情是破除迷思。从一方面来说，传统媒体的确面临着衰落。在二三十年前，在媒体工作可以得到一份体面的收入，最优秀的人也喜欢去媒体任职。而现在，媒体已经不再是很多人的第一选择。这个趋势在目前的高校中是很明显的，很多学新闻的同学毕业后没有打算要去媒体。从另一方面来说，媒体对新闻学院的需求也在减少，这是一个客观的大环境。但我们也要认识到，现在社会上到处都是媒体，换言之，具备媒体工作能力的同学并不愁找不到工作。社会对媒体人才的需求越来越大，因为社交媒体为企业机构提供了一个自我宣传的途径，不再需要通过专业媒体作为中介。如果机构自己生产的内容有吸引力，那么这个内容本身就可以得到很好的传播。综上而言，社会对媒体的需求可能在减少，但是媒体人依然紧缺。

或许有同学会问，如果去媒体工作会有什么好处？明确地、坦率地说，在我现在接触到的年轻人里，有计划要把媒体作为一个终身职业的人非常少。在媒体里工作的一个实际情况是，女性比男性要多，原因就在于收入低。大多数男性面临买房的压力，媒体的收入不足以担负起买房的压力。在这种情况下，不管是在学校里，还是在媒体里，女性都会比男性多很多。显然，钱不是大家选择从事媒体行业的原因，那么，媒体能够给大家提供什么？

如果在媒体工作，一个很大的优点是给大家提供一个学习的条件和机会。因为在媒体工作，你有条件可以去接触到一些更高水平的人。在日常生活中，如果一个人没有一定的资历、背景与学识，有更高社会资本的人不一定会愿意与你交流，因为对方会觉得和你交流没有收获、浪费时间。但如果在媒体工作，会使你有一个充分的理由可以去和很多资历比你高、学识比你丰富的人交流。这种交流的过程，本身就是非常好的一个学习条件，也是接触不同人、不同社会层面的机会。所以如果一个人有意识地把这当成学习机会，在短时间之内，就可以获得非常好的成长。但也有一点，大家不要把媒体的光环套到自己身上。采访对象如果愿意与一个年轻人去沟通，很大原因在于记者背后的身份。所以大家不能有一个错觉，把媒体的身份套到自己身上。采访对象对你的重视，其实更多是对你所在媒体品牌的重视。除非你真的能自己做出一个自媒体品牌来，否则就不要过高估计自己。

另外，因为数可视平时也会招聘实习生，所以我们经常会接触到国内外各种途径投递来的简历。在这种情况下，我想告诉大家用人单位主要会从哪几个方面去审核一份简历。

首先，学历会成为一个基本的筛选条件。因为高考以及后面的升学经历是一个相对公平的事情，当公司对一个人完全不了解的时候，通过学历可以较好地判断一个人的能力。或许有一些例外，比如会有一些同学虽然学历并不出众，但是能力非常优秀。但当领导全部信息都不掌握的情况之下，就可能需要用概率来解决问题，而好学校出优秀学生的概率肯定是会高过普通学校的。而本科比研究生阶段会更体现一个人的能力。我未必会很严格地执行这条，但是我想告诉大家的是，这一条是大家将来不论是找媒体的工作，还是找其他类别的工作时，都一定会遇到的一个问题。在数可视，如果是民办高校出身的同学，他们获得实习机会的可能性会非常小，或者说几乎可以忽略。所以，学历门槛是一个很现实的问题，但它只是作为一个基本的筛选条件。

其次就是作品和项目经验。如果实习申请人有非常好的项目经验或代表作，那就可以抵消之前学历上的不足。哪怕申请人是一个中学生，或者中专生，如果能拿出一个好的作品来，都会比学历更有说服力。当然，这一切的前提是，你拿出的是真实的个人作品，且能够使我相信这的确是你自己的作品。我认为，学新闻新媒体的一个好处是出作品相对容易。学建筑的同学很难在本科期间有亲手实操的经验，而一个学新闻的同学却有很多机会写出一篇高质量的非虚构写作、人物报道，或者是一篇切中要点的评论，或者你能做出一件非常好的设计作品，拍摄剪辑出一个非常好的Vlog（视频日志），这都可以说明你自身的能力。而像简历里写的个人爱好，比如读书、音乐、电影等等，这基本可以忽略。有些同学会写自己的特长是擅长使用office，其实这也基本就跟没写一样。如果你能把你掌握的office能力进行具体的描述，比如，你可以用PPT做出一份非常打动人的简历，又或者说你会用Excel完成怎样的数据统计，这些才是你所具备的优势。但实际上在我接触到的人里，绝大部分人对Excel的使用能力不会超过10%。而像那种泛泛而谈的简历，只能说明你没有什么强项，这反而会让面试官对你的印象减分。

另外，如果去媒体工作，跨专业的学生比学新闻专业的学生更有优势。在我个人以前和现在接触的同事里，有很多优秀的记者根本没有学过新闻专业，而是出身自金融、法律，或者其他的自然科学学科。为什么学新闻的反而没有优势？我与其他一些老师交流过这个问题，一些业界前辈认为新闻学习半年就够了，更多的是由记者带着训练，把写作的能力磨炼出来。而当我们去做报道时，实操中会要求记者储备很多专业知识。比如，如果要求记者去写一个与核电站相关的报道，如果你之前学过，那你的优势很明显。而哪怕你之前没有学过跟核电相关的知识，但你过去在这些方面有一些积累，那你去阅读相关材料时也会更加方便。在西方，传统媒体对记者的要求是“无知”，是指记者不需要懂自己写的东西，而只需要按照新闻要素把时间、地点写清楚，然后再去采访相关专家，把相关专家意见呈现清楚，那就已经成为一篇很好的报道了。

现在，我们依然会看到这样的一些写法，比如说把一个事情描述清楚，再贴几条所谓的网友评论，就算完成了一篇报道，这种情况也很常见。但这样的报道大家也只是“扫一眼”，甚至都不会细看。而现在有很多好的报道需要的是记者解读这个世界的能力，这需要记者查阅大量的资料，然后据此进行大量的分析，再得出一个结果，这就要求记者具备一定的技术能力。所以在此情况下，一些具备专业知识的记者会比单纯学新闻的记者更有优势。这并不是说单纯学新闻的记者没有这个能力，因为有很多人会在工作过程中不断地学习，比如说一个记者如果一直在这个领域工作，那么他也会不断地学习这一领域的内容，最后成为这个领域的“小专家”。所以，光有采访能力是不够的，还需要具备其他方面的专业能力。如果是纯新闻专业的学生，可能需要在工作中去学习其他领域的知识；而一个跨专业的学生因为自己在本专业领域积累的知识，在这种情况下反而会显得有一些优势。现在，很多学校也会给大家提供很多跨专业学习的机会，我希望同学们去学更多新的东西，尤其是学自己将来有可能用到的东西，而不是局限在新闻传播专业的知识领域内。有的同学可能会说，有那么多的学科，我学什么呢？我的建议是，首先，你可以学自己感兴趣的东西。因为每个人总有自己感兴趣的一面，如果依循自己的兴趣深挖下去，学习的效率会更高。

最重要的是，不论是做自媒体也好，做数据新闻也罢，其实都要求同学们具备更多的技术能力，所以大家也会开始有意识去学Python之类的内容。但实际上，除非你做自媒体，否则会很少有机会要求你自己把设计、开发什么包揽，这样的要求不会太多。那为什么我们还是会希望大家去学一点其他能力，比如给文科生开设一些代码相关的课程？本质来说，学习写代码有几方面的好处，第一，它会改变你的思维习惯，你会从文科的思维转向理工科的思维，这对于拓展改变自己的思维习惯非常有好处。第二，学习计算机编程会改善你的逻辑能力。大部分国内高校没有开设逻辑课，但逻辑对我们未来的工作生活都非常重要。而在编程里，最重要的就是逻辑。写程序的过程就是与机器交流的过程，程序员要告诉机器先做什么，后做什么，遇到什么事情怎么去处理。这里面的根本是逻辑，不管是Python、C语言，还是Java，虽然表面上看是不同的编程语言，但是它解决问题的目的是一样的，所以编写代码会很好地提升你的逻辑思维能力。第三，学习代码，会有助于你了解程序员的日常工作，这意味着你将来在工作中与程序员打交道时，能更清楚地知道别人在说什么，也知道如何与技术人员沟通，更能知道怎么去提需求。我觉得这件事情非常重要，因为如果一个对计算机代码、技术工作流程完全不了解的人，在实操工作中很容易被“欺负”。当你去跟程序员打交道的时候，人家一句话，说“不会”，就可以直接把你噎回去。但如果你了解技术工作的原理，那就不一样了。你可以告诉技术人员，虽然这件事情你都做不了，但你可以告诉他这件事通过什么方法可以实现。类似于虽然你可能不会做饭，但是你知道这道菜大致是怎么做出来的，也知道这道菜好不好吃，这样你才能与一个“厨子”交流。这就是为什么要鼓励大家去学一些技术，学习一些代码。

但大家要注意的是，如果不以程序员为职业，学习方法是不一样的。在高校里我们经常会看到，在新闻学院里开设代码相关的课程，不管是写网页，还是开发App，从计算机学院请老师过来授课，效果都不理想。原因就在于，计算机学院的老师一般会从基础开始讲，先给学生讲授常量、变量，然后讲基础概念，然后再具体到后面手把手的程序编写，只有这样才能打好扎实的基础。但对于新闻专业的学生来说，很多人还没听到具体的程序编写就纷纷退课，因为他们会觉得学习代码没有趣味可言。

我们学新闻的学生应该如何去学习代码？我认为，大家首要应该学习的是“扒代码”的能力，即怎么用现有的东西去满足你自己的需要，实现你自己的目的。例如，看到别人用这么一个代码效果挺不错，我是不是能够扒过来，基本读懂它，去改成我自己要的东西，实现我要的功能？对新闻专业的学生来讲，这种方法或许会更加实用。所以，我建议大家能够从解决问题的角度去学习编程，而不是从学一门语言的角度去学习，没有必要去和专业的程序员比。当然，如果你自身基础非常好，你觉得自己也能成为一个优秀的程序员，那我会鼓励你更深地钻研下去。

前面提到，在媒体行业里，作品比学历更重要，新闻学院出作品是更有优势的。另外一个就是特长，比你泛泛的能力陈述更为重要。举例来说，现在大家都在做新媒体，而你在写文章、制作视频等方面特别突出，就能凸显出你自身的价值。但作为媒体和公司来说，我们最怕的就是一个人好像什么都懂一点，却都不擅长。数可视一直在招收实习生，要求的实习时长至少是三个月，原因在于很多同学们来到数可视后，很多东西都没有接触过，或者不擅长。公司或许得用一个多月的时间才能让实习生上手，那也意味着前面一个多月的时间都只能帮忙打杂，只有后面一个多月的时间才是实习生为企业作贡献的时候。但如果你有一个特别擅长的部分，在这方面你甚至能够胜任一般工作者的水平，那会很受欢迎。所以具备一个特长非常重要，比如能够做一些非线性编辑，做一些设计、手绘，这些特长都比一个泛泛的能力陈述更有价值。

此外，我希望大家重视视频。现在业界中有个定义叫作“中视频”，就是指那些从1分钟到30分钟时长的视频，它很适合去做一些解释类的内容。现在做新闻内容不外乎三种方式，一是相对传统的公号图文类；二是H5，即交互作品；三是视频。交互作品现在面临的问题很大。首先，需要有几方面的人，有人写代码，有人去做设计，还需要有人去处理数据，这需要几方面技术的结合，所以要一个人单打独斗把交互作品做出来，相对而言没有那么容易。其次，H5的传播路径是比较受影响的。举例来说，我们现在很多时候不外乎通过朋友圈去看内容，又或者是通过头条、腾讯新闻等新闻客户端，但这几种方式对H5的支持都不太好，这就导致如果现在制作方要传播H5，只能通过写一篇公号，然后在这篇公众号文章下的“阅读原文”处设置一个链接，从这个链接跳转到H5；又或者可以在文章里加一个二维码，指望读者扫二维码后再跳进H5页面。这两类做法都会导致用户流失，所以也不能指望H5有较强的传播力度，只能寄托于大家使用H5之后将这个链接分享给他人。但如果用一些裂变的途径去扩大传播力度，又很容易被微信封杀。所以，现在 H5的传播受到了非常大的阻碍。

相比H5，视频完全不同。视频可以在新闻客户端、微信公众号等不同的平台里进行传播，甚至还可以将比较短小的视频直接放在微信群、微博上传播，这些方式都让视频比H5有更好的传播能力。同时，相比起单纯的图文推送，视频在表现力上也更有优势。另一方面，现在做视频生产加工的成本越来越低，大家在手机上使用一个视频剪辑的App，就可以实现视频编辑，还可以配以各种特效、配音、配乐。而如果早十年时间，一套非编系统对电视台来说是一件特别高级的设备，需要配备很大型的计算机，铺开好几台设备，花费大量的采购成本。而现在，通过一台手机，就能很好地实现视频剪辑。所以，大家会看到，互联网上一些好的视频作品都是个人制作的。有一个北京邮电大学学生制作的视频《老师好我叫何同学》，在网络上得到了很好的传播，也使他收获了很多粉丝，我对此印象很深。通过这件事，大家可以知道，这位何同学以后基本不会对自己的工作方向发愁，不论是去媒体，还是自创自媒体品牌，或者不干媒体，在别处求职、创业，这些都没有关系，因为他已经打开了自己的职业发展之路。而且媒体做视频其实是非常体现个人风格的事物，所以，大家可以去关注和重视视频方面的动向。

有些人会认为，做视频可能会花比较长的时间，但如果你是去做一些知识类的、解释性的视频，视频是非常合适的形式，这会确保你有充裕的时间去做好内容生产。我认为，做抖音短视频可能看起来生产成本不高，但它的价值却没有那么大。原因在于，第一，1分钟的抖音视频可能讲不清楚一件事。第二，抖音这样的算法分发平台，粉丝的价值较小，因为粉丝数量多少与你的传播量没有必然的关系。即使你现在可能表面上看粉丝非常多，但也不能保证你做出来的内容就一定能够收获很大的观看量。相反，即使你粉丝数很少，但你有一个短视频被系统选中了，或者被系统背后的人挑中，平台就可以帮助你实现大量的传播。所以在抖音，其实你的粉丝价值其实没有那么大，因为现在有很多数据很虚，它的播放量是不真实的。流量数据到底是由账号的粉丝带来的，还是水军带来的，或者是算法推荐带来的，我们都无从得知。基本来说，不同平台的粉丝价值是不一样的。例如，微信公众号、知乎的粉丝价值就会比较大。据说在知乎上面如果你有一个2万粉丝的账号，你去给特定对象点赞，有人也愿意为此付钱，因为知乎的粉丝确实能够与你的影响力对应。而像一些做算法分发的地方，例如说头条号、抖音等等，它的粉丝价值就会小很多，因为内容分发的决定权在算法而不在个人。所以我会建议大家更多地把注意力放在中视频，而不是抖音的短视频上。实话来说，在抖音上，你会发现最火的是那些低质量的内容，但那些东西反而很受欢迎。

另外，同学们不要过高评估新技术带来的短期影响。例如说5G、区块链等等，短期内对个人会有多大影响？其实很难说。前段时间开会，有退休官员明确提出，5G技术现在根本找不到好的应用。目前，5G现在面临着损耗大、能耗大的问题。有人算过一笔账，如果运营商把5G全部推上去的话，一年仅在电费一项上就能导致亏损。从手机的角度看也是这样，一方面来说，在很多地区，只有在很小的范围之内才能体会到5G网速带来的提升；另外一方面，现实生活中没有那么需要用到那么高的网速，所以5G技术在短期内给我们带来的影响可能性是很小的。举个例子，我前几天为了适应一下5G技术，我将家里的宽带从300兆升到1000兆，我却并没有感受到速度上的明显变化。

但同时，我们也不能小看技术带来的长期影响。因为虽然有些事情我们现在可能预期不到，但你不知道它会对我们的生活、对我们社会带来多大变化，就好像说其实在移动互联网普及以前，很少人会想到移动互联网对现代生活引发的巨变。如果没有移动互联网，滴滴打车、外卖行业等O2O（线上到线下）模式根本无从谈起。在2005年之前，其实就已经有公司在做外卖，比如丽华快餐，但最终都以失败告终。而当移动互联网的技术普及后，大众在一开始没有想到说它会带来这么大的外卖市场，但它却最终产生了。所以，我建议大家不要高估5G、区块链等新技术的短期影响，但也要思考这些新技术的长期影响，可能这些新技术带来的应用是我们现在根本想不到的。我们要保持好奇心，保持学习的能力，这不仅要求大家把自己的学习能力、好奇心与我们在学校的学习阶段关联在一起，更希望大家把学习能力和好奇心保持一辈子。这样，我们就可以一直跟随社会的变化。

整理人：袁雨晴

附　录

一　作者介绍（按姓氏拼音顺序）

胡钰　清华大学新闻与传播学院教授、博士生导师，清华大学经济学学士、新闻学硕士、法学博士。兼任中国新闻史学会副会长、中国特色新闻学专业委员会会长。主要研究领域：新闻理论、文化传播、国家形象。主要著作有：《新闻理论经典著作选读》《大众传播效果：问题与对策》《新闻与舆论》《网络舆论教程》，另有《人工智能时代，新闻人会被取代吗？》等译著。

黄志敏　数可视创始人、数可视教育公益基金发起人，中国图像图形学会可视化与可视分析专委会委员，四次亚洲出版协会（SOPA）卓越新闻奖得主，中国数据内容大赛发起人。

康伟平　财新传媒副总裁、财新网首席运营官。在加入财新传媒前，供职《财经》杂志十年，负责金融和证券领域报道。2004年9月至10月，在香港大学新闻研究与传播中心做访问学者。2006年8月至12月，在美国加州伯克利大学新闻学院做访问学者。

李鹏　四川日报报业集团党委副书记、总编辑，四川日报社总编辑兼川观新闻总编辑，四川国际传播中心主任。新闻学博士，高级编辑。历任华西都市报副总编辑、行政总监、常务副总编辑，天府早报总编辑，华西都市报总经理、总编辑，四川日报报业集团副总编辑兼华西都市报社社长。2015年领衔创办封面传媒，兼任封面传媒董事长、CEO（首席执行官）。出版专著三部：《媒聚变——媒介融合背景下报纸转型研究》《迈向智媒体》《智媒体——新物种在生长》。

刘双庆　中国人民大学新闻学博士，中国政法大学光明新闻传播学院讲师、硕士生导师、新闻研究所副所长。当前主要研究领域为新闻生产社会学、健康传播等。以第一作者或通讯作者在SSCI和CSSCI来源期刊中发表论文十余篇。

格雷厄姆·默多克（Graham Murdock）　英国拉夫堡大学社会科学系文化与经济学教授，2016—2020年担任国际媒介与传播研究协会（IAMCR）副主席，2016年当选为欧洲科学院（Academia Europea）成员。主要研究领域为公共空间与公共话语的转变、传播系统在日益加深的气候危机中的角色、数字媒体政治经济学等。论文与著作已被译为21种语言，近年出版专著《媒介，市场与危机》（2015）、《新媒体与都市生活：连接，消费与创造》（2015）、《碳资本主义与传播：应对气候变化》（2017）。

宋乐永　光明网副总经理，北京市宣传文化系统四个一批人才，著有《CIO 22生存法则》《IT推动商业变革》等，主要研究领域为互联网传播、科普。

孙萍　香港中文大学传播学博士，中国社会科学院新闻与传播研究所助理研究员。主要研究领域包括平台经济、算法、数字劳动、信息传播技术（ICTs）与社会发展。近期的研究兴趣包括三个方面：智能技术对社会发展的中介与影响、平台经济重塑下的数字劳动和组织模式，以及数字化时代下的性别与社会再生产问题。

汤姆·范·诺伊恩（Tom van Neunen）　伦敦国王学院信息学系研究员，数字文化研究博士学位。参与“人工智能歧视与偏见”的研究项目。主要著作有*Hypermediated Tourism and the Construction of Authenticity*。主要研究领域为数字人类学、诠释学、算法可解释性等。

王斌　中国人民大学新闻学院教授、博士生导师，中国人民大学舆论研究所副所长、马克思主义新闻观研究中心副主任，《国际新闻界》杂志副主编，兼任中国高等教育学会新闻学与传播学专业委员会秘书长、中国新闻史学会网络传播史研究委员会副会长。长期承担本科生和研究生的“新闻理论”“传播理论”教学工作，研究兴趣为新闻传播理论、媒介社会学、传媒转型与创新等，近几年致力于互联网环境下新闻学知识体系的系统性探究。

王海燕　香港中文大学哲学博士，澳门大学社会科学学院传播系副教授。当前主要研究领域为新闻学研究、数字化媒体、媒体与性别等。

吴璟薇　清华大学新闻与传播学院副教授，德国柏林自由大学博士，德国洪堡基金会联邦总理奖学金获得者。主要著作有《德国新闻传播史》、英文专著*Private and Public on Social Network Sites: Differences and Similarities between Germany and China in a Globalized World*。主要研究领域为媒介理论、社交媒体公与私、跨文化传播与新闻传播史。

徐笛　英国格拉斯哥大学博士，复旦大学新闻学院副教授、硕士生导师。目前主要研究领域为新闻生产、新闻创新。已出版专著《数据新闻的兴起：场域视角的解读》，在中外主流期刊发表论文数十篇。

曾国华　毕业于荷兰阿姆斯特丹大学媒介研究系与阿姆斯特丹文化分析学院，获哲学博士学位，现任中国社会科学院新闻与传播研究所助理研究员。最近数年主要研究领域为媒介社会学 / 人类学、文化理论与社会理论、媒介技术与社会变迁，以及流行文化研究。

二　翻译、整理人简介

李雨浛　清华大学新闻与传播学院硕士研究生，主要研究领域为环境传播。

袁雨晴　清华大学新闻与传播学院硕士研究生，代表论文《社交机器人的“计算宣传”特征和模式研究——以中国新冠疫苗的议题参与为例》。主要研究领域为智能传播、数字新闻学。